用心經營
步步為「贏」

沒錢、沒勢、沒背景？就算生為一無所有
的平凡人，也能成為絕無僅有的勝利者！

「零」是否代表著一無所有？

○ 十年婚姻破滅，太晚發現嫁錯人，幸福沒了？
○ 奮鬥多年無果，太晚發現入錯行，職涯毀了？
○ 事業毀於一旦，太晚發現選錯路，夢想滅了？

轉變只是一步的距離，下定決心就可以改變人生！

九大角度詳細分析，一本書帶你「贏」回精彩一生

李定汝，齊為 著

目 錄

目錄

第三章　贏在細節 ── 別讓成功倒在細微處

第四章　贏在習慣 ── 為命運多鋪一條路

目錄 ————————————————————————

前言

每個人的心裡都藏著一顆發光的種子，這顆種子源於我們內心想贏的渴望。那麼，生活中平凡的我們，如何才能獲取贏的機會呢？

「上帝替你關上一道門，同時為你打開一扇窗。」每個人都是有潛力的，只要我們能夠看到並發掘，就可以在我們所處的位置上發光發熱。想贏是我們每個人腦中的潛臺詞，雖然很多人不願說出來，但卻在內心不斷告訴自己，贏才是對自己最大的肯定。

贏是由「亡」、「口」、「月」、「貝」、「凡」五個字組成，從其複雜程度，我們可以看出，想贏就要付出和犧牲。其實組成贏本身的五個字，分別代表了危機、溝通、時間、資源、態度，也指出了想贏要注意的五個方面。贏是結果，也是一種過程，它與輸相對，贏得精彩，贏得快樂，贏得自我，贏得未來，是我們每個人的希望。如何下好人生的這盤棋，需要我們不斷實踐和探索。

在現代社會中，我們每個人都想贏，但最後的贏家卻是少之又少，用千軍萬馬過獨木橋來形容，一點也不為過。在這種情況下，如何才能成為最後的贏家？社會閱歷少的人，想要回答這個問題有一定難度，但無數成功的案例就在我們面前，只要我們善於看到成功的背後，就可以看到影響我們成為贏家的因素。

告訴我，你想贏嗎？相信這個問題的答案，不用問卷調查也可以得出。本書的宗旨就是讓想贏的讀者找到努力的方向，為想贏的讀者建造一個便捷的平臺。那麼，贏在哪裡才是真正的贏家呢？心態、口才、細節、習慣、健康、處世、職場、商場、情感這九個角度可以更好的詮釋贏這個

前言

字的意義。本書從實用的角度，講述了贏對每個人的重要性，用實例向讀者構築了一幅想要成為贏家的畫面，為想贏的人鋪就了一條成功之路。

第一章
贏在心態 —— 活著就要快樂

心態是智慧的果實，煩惱與歡喜，成功和失敗，僅繫於一念之間，心態對每個人的影響都是長久而深遠的。「不以物喜，不以己悲」是心態的最高境界，也是很多人畢生追求的目標。一個成功之人在遇事時，總能看到正向的一面，他從不對生活進行抱怨，快樂是他生活的主旋律，無數成功的案例告訴我們，擁有這樣的一種心態的人，更易得到幸運女神的垂青與眷顧。

記住，沒有誰可以永遠一帆風順，得意時，要謙虛低調，失落時，仍要充滿鬥志，走過陽光與沼澤後，我們會發現，原來只要有好的心態，人生便沒有過不去的河流。

生活中要懂得歸零

生活是不斷領悟和實踐的過程。在這個過程中，有人選對了起點，笑著走到最後；有人則在半途中發現，原來這並不是自己想要的，於是各種徘徊和猶豫占據了生活，出現了進退兩難的局面。因此，歸零成為解決問題的最有效途徑。在很多人的意識中，「零」代表著一無所有。其實，零是生活的起點，它是從頭再來，挑戰自我的心態。歸零心態，意味著我們要與過去說再見，有利於我們突破思維的圍牆，以一種永不滿足的心態，面對更加精彩的人生。

登山是一種極限運動。喜歡的人都知道，征服一座座山峰的過程是讓人沉醉的，這也是很多人明知道登山是一項很危險的運動，卻仍然無法放棄的原因。在登山者的心中，下一座山峰是最有魅力的，充滿了新奇和挑戰，每一座山峰都是一個新的起點，登山者在征服的過程中，心靈也在得到昇華，用更加自信的姿態面對以後的生活和未來。這就是一種歸零心態，它讓我們的人生在不斷摸索中漸入佳境。

過多的欲望會讓人生活得很累，背負得太多，會讓我們直不起腰來，從而無法看到前方的路。歸零可以讓我們在自省中，明白自己真正要什麼，曾子曰：「吾日三省吾身。」生活中還流行著一句充滿智慧的哲言：「認識你自己。」認識自己很重要，但認清自己是非常困難的，否定自己更是難上加難。在一般情況下，人們總是喜歡遷就生活，並說一些生活本就如此的話來自欺欺人。這種遷就的態度，在遇到困難時，便會被無限放大，於是自憐便成為人生的主題。

「人要有空杯心態，讓自己從學徒的心態開始前行。」保持空杯心態的唯一方法就是把杯子裡原來的水倒掉，杯子有空間，才能注入新的水

源。其實，人生猶如一部電腦，刪除那些過時的知識和經驗是十分必要的，這是一個不斷更新的過程。這個過程讓我們在學習中，更加了解自己和所處的環境。新知識的注入，會洗滌我們的心靈和大腦，為我們的生命帶來活力，去感知並適應新的資訊變化，唯有如此，才能不斷的了解自己、發展自己、完善自己。

下面這個故事，能讓我們對歸零心態有進一步的了解。

山裡住著一位靠砍柴為生的樵夫，他辛辛苦苦的建造了一個可以遮風避雨的房子。

有一天，他挑著砍好的木柴到城裡賣，黃昏回家時，卻發現自己的房子著火了。

左鄰右舍都來幫忙救火，但是由於傍晚的風勢過大，他們沒有辦法把火撲滅。一群人只好站在一旁，眼睜睜的看著熾烈的火焰吞噬了整棟木屋。

大火過後，這位樵夫手裡拿著一根棍子，跑進這片廢墟裡不停的翻找著。圍觀的鄰居以為他在找藏在裡面的珍貴寶物，都好奇的在一旁觀看他的舉動。

過了半晌，樵夫終於興奮的叫著：「我找到了！我找到了！」

鄰居們發現樵夫手裡捧著的只是一柄斧頭，根本不是什麼值錢的寶物。

樵夫興奮的把木棍嵌進斧頭裡，充滿自信的說：「只要有這柄斧頭，不久就可以再建造一個更堅固耐用的家。」

樵夫明白，房子沒了已是事實，傷心也於事無補，這時他的心態就處在一種歸零的狀態下，房子不在，只要有工具，一樣可以用自己的雙手再次建造一個新的房子出來。從頭再來，也沒什麼不可以。歸零心態，讓陰天也充滿了陽光。

第一章　贏在心態—活著就要快樂

一個富商賠光了所有家產，他傷心欲絕的去跳河，結果發現一個同樣也到河邊哭泣要跳河的婦女，便問道：「妳為什麼跳河？」

「我被丈夫拋棄了。」

「哦，妳什麼時候認識妳丈夫的？」

「我是三年前認識他的，我們剛結婚一年他就另覓新歡，不要我了。」婦人越說越傷心，真的要跳河了。

「哦，妳等等，」富商問，「那三年前沒有遇見他的時候，妳是怎麼活的？沒有他，妳就必須跳河嗎？」

「三年前我沒有認識他的時候，我生活得很好，很快樂。」

「是啊，妳完全能從頭再來啊！只不過三年時間，他在你一生中只占幾十分之一啊！幹嘛要為三年付出那麼大代價呢？三年是可以用另外一個三年挽回的。妳看，三年前我也是一個剛到這個城市工作的外地人，當時我身無分文，可現在我已經是富翁了。妳說對嗎？」

婦人聽後，恍然大悟，「是啊，謝謝你，我真不知道該怎麼感謝你。」最後，臉上露出了笑容，輕鬆的離開了。

勸完婦人後，富商好像也勸了自己。「是啊，三年前我還不是一無所有嗎？就讓一切都歸零，從頭再來吧！」說完，也輕鬆的離開了河邊。

人生是一個不斷經歷、體驗和昇華的過程，首先是經歷和感受，要勇於去嘗試和體會，之後如果發現軌跡有問題，要勇於將人生歸零，從頭再來，經歷過人生的風雨，才能看到絢麗的彩虹。

在工作過程中，很多人拈輕怕重，這是普通人的想法，同時，也是一種不思進取的表現。一個成功的人在面對困難時，選擇的不是後退，而是激流勇進。在這個過程中，他既征服了困難，又完成了對自己的挑戰，因此，千萬不要小看困難的力量。一個困難，有可能成為我們人生的轉捩

點，對我們一生的發展都會產生不可估算的影響。

當我們接受新的工作任務和挑戰時，困難是一定存在的，是否能夠再次獲得成功，很大程度上取決於我們是否能靜下心來從頭學習，從頭做起。如果能夠做到心態歸零，我們才能不斷進步。

一個年輕人跟著方丈學禪。一年後，年輕人覺得自己已學有所成。

有一天，方丈讓年輕人找來一個水桶，方丈讓他用石子裝滿這個水桶。年輕人裝上了石子。方丈問他，還能裝嗎？他說不能了。方丈接著說，你拿一些沙子來裝在裡面。年輕人又裝了一些沙子。這時方丈又問他，還能裝嗎？他說不能了。方丈讓他再取一些水來倒在裡面。

年輕人取來了水，倒著倒著忽然悟出了其中智慧，立刻跪在方丈面前，羞愧的說：「師父，我錯了。」從此，年輕人不再自滿，謙虛的跟著方丈學習。

是的，學無止境，我們只有戒驕戒躁，懷著謙虛的歸零心態，才能學到更多的知識和智慧，才能領悟到成功的真諦。

歸零的心態，就是在工作和生活中無論成功還是失敗、喜悅還是痛苦，都要保持一顆平常心，一切從「零」開始。任何驕傲，都可能讓我們倒在通向成功的路上，因此，在獲得成績時，適時的歸零，可以幫助我們走過自滿的森林，通向更加成功的未來。

一位保險業務員一個月內做成了 187 筆保單，他是這樣告訴我們的：「我每天都從零出發，每時每刻都從零開始，做完一筆單子，我都告訴自己，我又到了零點。正是這種時刻歸零的心態，使我做到了這個連我自己都認為是不可能的數字。」

不斷復位，不斷歸零，人生之樹才會長青。每一天都是一個新的起點，每一次工作都應從零開始，每一個新任務都要以一種謙虛的心態去學

習並努力去完成。學會歸零，才能創造奇蹟。

回顧某年奧運，女排決賽，Ａ國球隊先失兩局，處在不利的情況下，但最終還是站在了奧運最高領獎臺上。賽後，女排教練說，他告訴女排隊員們，要忘記輸贏，用盡全力打。是的，比賽到最後，就是在比心態，技術都已不重要了。有一顆平常心，歸零的心態，往往能反敗為勝，獲得輝煌成績。

正如著名的巴頓將軍（George Smith Patton, Jr.）所說的那樣：「成功的考驗並不是你在山頂時會做什麼，而是你在谷底時能向上跳多高。」人在得意時，是無法正確認清自己的，只有在低谷時，才能看出一個人的潛力究竟有多大。

歸零讓我們可以有機會汲取更多的知識和經驗，這是人生的財富，但生活中並不是每個人都擁有這種勇氣，從零開始，這種心態更有利於創造更大的輝煌。成功離我們並不遙遠，只要抱著一個歸零的心態，就可以讓我們衝出迷霧，邁向更加廣闊的人生舞臺。

▌讓積極主導人生

在光陰不斷流逝的路上，我們看到了花開花落，草青草黃，這本是自然現象，但出現在我們面前時，卻總能夠很深的觸動我們的神經。這是人的一種本能反應，但這種反應卻會讓我們陷入莫名的感傷心態當中。這種感傷的心態，會讓我們只看到人生的灰暗，對天空的蔚藍卻視而不見。快樂也會因此與我們絕緣，長此以往，對我們的身心健康是十分不利的。

仔細想一下，人生不過數十年，如何去生活，是由我們自己決定的。有人曾經說過：「心態決定一切。」這句話，讓我們更深刻的領悟到了心

態的重要性。是的，心態的好壞決定著人生的命運。一個積極的心態，會讓我們在面對生活時，得到生活的眷顧和回饋。讓我們有效的主導自己的人生，看清未來的方向，積極實現夢想。而消極的心態，則會讓我們喪失前進的信心。信心不存在，成功必然會遠離。因此，積極的心態，是人生的燈塔，它能在我們迷失時，為我們指引光明的方向。

林黛玉是曹雪芹筆下一個風華絕代的人物。然而生活卻讓她變得多愁善感，上天似乎也有意為難這個女子，這樣的性格卻處在一個人際關係異常複雜的環境下，生活的不如意讓林黛玉懷著一種極度悲觀的心態去看待生活，去看待自己的人生，最終因憂愁嘔血而香消玉殞。〈葬花吟〉是《紅樓夢》一書中歷來最為人所稱道、藝術上最為成功的詩篇之一。此詩是林黛玉感嘆身世遭遇的代表，全詩共 52 句，368 個字，卻將林黛玉悲觀的心態刻劃得淋漓盡致。而同為金陵十二釵中的薛寶釵，面對生活的挫折卻選擇了樂觀接受。她用一顆快樂的心，接納了自己的不幸。最終被賈母賞識，娶她做自己的孫媳婦，掌管著整個家族，將生命推向了人生的制高點！

生活是至高無上的統治者。沒有誰可以永遠一帆風順，在荊棘的路上，有的人選擇悲觀的心態，時間在他的感嘆中悄然而逝；有的人則選擇撥開荊棘，繼續追尋自己的夢想。正如林黛玉和薛寶釵一樣，都面臨著不幸，卻因心態的不同，造就了兩種不同的結局，人們在感嘆的同時，更引發了對心態的重視。一個好的心態，可以讓我們塑造更加成功的自我。

這正如一首詩中所說：「悲觀的人，聽悲觀的歌，做悲觀的夢，過悲觀的生活；樂觀的人，聽樂觀的歌，做樂觀的事，過樂觀的生活。」心態的轉變，會讓一個人的生活也隨之發生翻天覆地的變化。

小雪是個善良的人，對於別人的要求，她總是難以開口拒絕。於是長時間下來，她的工作量越來越大，大到她無法負荷，這讓天性樂觀的小雪

頭一次感受到了痛苦的滋味，周圍的人也感受到了她的不快樂，時間一長，便開始漸漸遠離她。這種負面的情緒讓小雪感到了危機，她決定做回自己，快樂才是最重要的。即使得罪人也要改變現狀，這個決心一下，將自己的工作推給小雪的人便出現了碰壁的現象。然而讓小雪意想不到的是，這些人並沒有因為小雪的拒絕而與小雪產生隔閡，反而關係越走越近。小雪經過反思後，得出結論，他們是因為小雪的快樂而走在一起的，快樂是會傳染的，當小雪快樂時，周圍的人也會被這種情緒感染，心情在瞬間被陽光普照。

一個人的心態是積極還是消極，不但影響自己的工作效率，還會對周圍的人產生影響，誰也不願意與一個整天悲觀厭世的人相處，這是人們的一種普遍心理，因此，遇事有一個積極的心態比什麼都重要。

范仲淹在〈岳陽樓記〉中寫道：「不以物喜，不以己悲。」而現實中能達到此境界的人卻少之又少，但這不是說我們注定要有一個不健康的心態，心態是主觀的，我們完全可以憑自己的意志去自由支配。

美國心理學家艾里斯（Albert Ellis）說，是我們內心的想法或者說心態決定了我們的情緒。因此，導致我們負面情緒的罪魁禍首是我們對事情的想法和觀點，而這完全可以用積極的心態加以改變。

有一位著名的國畫家，擅長畫牡丹。

有一次，某人慕名要了一幅他親手所繪的牡丹，回去以後，高興的掛在客廳，此人的一位朋友看到了，大呼不吉利。因為這朵牡丹沒有畫完整，缺了一部分，而牡丹代表富貴，缺了一角，豈不是「富貴不全」嗎？

此人一看也大為吃驚，認為牡丹缺了一邊確實不妥，於是拿回去準備請畫家重畫一幅。畫家聽了他的理由，靈機一動，告訴他：「既然牡丹代表富貴，現在缺了一邊，不就是『富貴無邊』嗎？」

那人聽了他的解釋，覺得也很有道理，便又高高興興的捧著畫回去了。

　　同一幅畫，因為人的心情不同，便產生了不同的結果。其實道理很簡單，心態是決定這一切的根源。一件事情，樂觀的人看，看到的是陽光，悲觀的人看，看到的就是陰霾，心態不同，事情的結果自然也就不同。

　　在人生短暫的歲月裡，能夠主導人生的人是幸福的，積極的心態可以幫助我們更有利的掌控我們的人生方向，讓我們的人生向著更加輝煌的未來發展。積極的心態並非天生，而是後天培養的，在遇到事情時，我們多想好的一面，心情自然好起來。不要讓消極心態影響我們的人生，用積極的心態解決遇到的問題，生活也會給予我們陽光的一面。

▍走出挫折的沼澤

　　惰性是人們與生俱來的，每個人的體內都存在惰性因子，這些因子在沒有外力的情況下，很難走出體內。挫折是上天賜予的禮物，它可以幫助我們完成人生的華麗轉身，趕走惰性，與成功結下不解之緣。

　　人生在世，誰都會遇到挫折，它是對人生的挑戰和考驗。英國哲學家培根說過：「超越自然的奇蹟，多是在對逆境的征服中出現的。」挫折既然在所難免，如何應對才是我們真正要思考的問題。

　　每個人都希望自己的一生一帆風順，沒有任何波瀾，雖然平淡，卻可以讓自己感到幸福。這是人們理想中的生活狀態，但理想與現實總是有差距的。沒有經歷過挫折的人，在困難面前，通常表現得手足無措，當慌亂等表情出現時，這個人的經歷便都寫在了臉上。挫折是一個人成長的必然過程，沒有經歷過挫折的人很難真正成長。

第一章　贏在心態—活著就要快樂

有這樣一則故事：在一片草地上，有一個蛹，被一個小孩發現並帶回了家。幾天後，這個小孩發現蛹裂開一條小縫，看到蝴蝶不斷在裡面掙扎，這時，天真的小孩覺得自己應該做些什麼，於是他拿起剪刀把蛹殼剪開，幫助蝴蝶脫蛹出來。這本是一件好事，然而，這隻蝴蝶卻因沒有經過痛苦掙扎而導致身軀臃腫，翅膀乾癟，根本飛不起來，不久就死了。這是一個不起眼的小故事，很多人在第一次讀的時候，也許還會為孩子的天真而會心一笑，忽略了主角蝴蝶的命運，但當我們反覆品味的時候，會發現，原來這個故事告訴我們，任何歡樂都是建立在痛苦和挫折之上的。挫折是打開成長大門的鑰匙，沒有它，成長的路會變得異常緩慢。

有一個博學的人去見上帝，他生氣的問道：「我是個博學的人，為什麼你不給我成名的機會呢？」上帝無奈的回答：「你雖然博學，但樣樣都只嘗試了一點點，不夠深入，用什麼去成名呢？」

那個人聽後便開始苦練鋼琴，後來雖然彈得一手好琴卻還是沒有出名。他又去問上帝：「上帝啊！我已經精通了鋼琴，為什麼您還不給我機會讓我出名呢？」

上帝搖搖頭說：「並不是我不給你機會，而是你抓不住機會。第一次我暗中幫助你去參加鋼琴比賽，你缺乏信心，第二次又缺乏勇氣，又怎麼能怪我呢？」

那人聽完上帝的話，又苦練數年，建立了自信心，並且鼓足了勇氣去參加比賽。他彈得非常出色，卻由於裁判的不公正而被別人占去了成名的機會。

那個人心灰意冷的對上帝說：「上帝，這一次我已經盡力了，看來上天注定，我不會出名了。」上帝微笑著對他說：「其實你已經快成功了，只需要最後一躍。」

「最後一躍？」他瞪大了雙眼。

上帝點點頭說：「你已經得到了成功的入場券 —— 挫折。現在你得到了它，成功便是挫折給你的禮物。」這次，那個人牢牢記住上帝的話，他果然成功了。

挫折是人生際遇的轉捩點，有了它，可以讓我們看到自身的不足，從而更加完善自己，為最後的成功創造適合生長的土壤。

當一件事情，我們經過努力卻沒有看到想要的結果時，人們往往用失敗來形容，其實，人生只有挫折，沒有失敗。要知道，失敗是結論，挫折是過程，在生命沒有消逝的那一刻，任何人都不要輕言失敗。用失敗形容自己，是對自己的一種輕視。

愛迪生是偉大的發明家，一生有過無數讓人驚嘆的發明，然而，人們印象最深的莫過於為人類帶來光明的電燈。這樣一位偉大的發明家，在其人生道路上也是布滿荊棘。他是鐵路工人的孩子，小學未讀完就輟學，在火車上賣報度日。在這樣的環境下，很多人會甘於平凡，然而，愛迪生卻用勤奮來改變人生。他喜歡做各種實驗，製作出許多巧妙機械。他對電器特別感興趣，自從法拉第（Michael Faraday）發明馬達後，愛迪生就決心製造電燈，有了這個決心，實驗變成了他生活中的唯一的樂趣。

愛迪生在進入實驗室前，做了很多準備工作，他將前人製造電燈的經驗進行總結。制定出詳細的實驗計畫，分別在兩方面進行試驗：一是分類試驗 1,600 多種不同耐熱的材料；二是改進抽空設備，提高燈泡真空度。他還對新型發電機和電路分路系統等進行了研究。

在將 1,600 多種耐熱發光材料逐一的試驗過後發現，除了價格昂貴的白金絲性能較好外，其餘的材料都不合適，這讓愛迪生的實驗陷入了困境。面對這樣的挫折，愛迪生並沒有放棄，而是努力尋找更合適的材料來

代替。西元 1879 年，愛迪生決定用碳絲來作燈絲。結果，電燈亮了，竟能連續使用 45 個小時。就這樣，世界上第一批碳絲的白熾燈問世了。

對於一些發明家而言，這樣的結果已經很理想了，但愛迪生並不滿足，他在發明碳絲燈後，又接連試驗了 6,000 多種植物纖維，經過反覆實驗和對比，最後選用了竹絲，使電燈的使用壽命大大延長。電燈竟可連續點亮 1,200 個小時。人們在他的發明基礎上，一點點改進，最終使電燈行業快速發展起來。

愛迪生無論是人生還是實驗都受到了挫折，但他在挫折面前，卻保持了一顆永不褪色的進取心，正是這份正確面對挫折的心態，讓他走出挫折的泥潭，繼續從事自己喜歡，又對人類有意義的發明事業。

人們都希望自己的生活中能夠多一些快樂，少一些痛苦，多一些順利，少一些挫折，可是命運卻似乎總愛捉弄人、折磨人，總是給予人更多的失落、痛苦和挫折。面對挫折能夠虛懷若谷，大智若愚，保持一種恬淡平和的心境，這樣的人才是生活的主人和智者。

臺灣散文家林清玄寫過這樣一個故事。故事的大意是上帝有一天來到了他所創造的土地散步，看到麥子的豐收景象很是欣慰。這時，一位農夫看到上帝，對上帝說了自己的抱怨，並請求上帝下一年不要大風雨、不要烈日乾旱、不要有蟲害。這個要求雖然讓上帝為難，但上帝還是答應了他。於是第二年，農夫的田地果然結出許多的麥穗，這讓農夫興奮不已。然而在收穫時，農夫卻發現，麥穗裡竟是癟癟的，沒有什麼籽粒。這時上帝開口說道：「麥子避開了所有的考驗，變得十分無能。對於一粒麥子，努力奮鬥是不可避免的。一些風雨是必要的，烈日更是必要的，甚至蝗蟲也是必要的，因為它們可以喚醒麥子內在的靈魂。」

人的靈魂也和麥子的靈魂一樣，沒有挫折，人只能是一具空殼。勇於

面對人生的風雨，才能收穫獨有的氣質，這是人生的一輪考驗，堅持到最後的人，才有資格領略人生的美好。

人生的通道，往往是穿越卑微、困境和風雨而產生的。面對挫折有一個良好的心態，堅信努力就會有未來，那麼，任何挫折在我們面前都會變成紙老虎。沒有威脅，也沒有恐懼。

感謝輕視你的人

那些輕視的言語和態度曾深深傷害我們當時脆弱的自尊，有些已經忘記，但有些還沒有忘，但那些輕視，雖然讓人無法接受，卻激起我們那深藏已久的雄心，加快了我們奮鬥的腳步。當你擁有了那些傷害你的人永遠無法擁有的一切時，便會發現，那些輕視帶來的原來並不只有傷害。因此，感謝輕視你的人，是他們促使你走上了不屈不撓的尋夢之路。

一個人成功的過程，首先應該是一個征服的過程。征服了自己，征服了對手，征服了困難，才會成功。世界不會按你的意願而改變，但它會因你的努力而改變。我們應該感謝那些奮鬥過程中的輕視，那是我們前進的動力，那些「我要做給你看」話語在成功後更顯得猶為珍貴，雖幼稚卻充滿鬥志和進取心。

紐約農業貿易銀行的總經理福瑞想在長島設立一個銀行，他自以為一切都進展得很順利。但是，有一次，一個大銀行的行長會見他時，對他的這一設想輕蔑的講了一句話，使他的態度改變了。這個行長很自大，一副心高氣傲的樣子。臨走的時候，他很隨意的對福瑞扔下了這樣一句話：「如果你活的時間有足夠長的話，或許可以在那個鬼地方辦起一個銀行來。」

這句話深深刺痛了他，覺得自己不得不做點事情。福瑞當時就下定決心要打敗對手，結果他真的辦到了。4年後，福瑞銀行的存款比那位行長的多了一倍。

一句輕視的話，成就了福瑞的成功。當受到別人輕視時，生氣只是無能的表現。用別人的錯誤懲罰自己，是蠢人的做法，將輕視化為前進的動力，讓自己的成功遠遠高於曾經輕視過你的人，那才是最有力的反擊。任何輕視對人都是有影響的，有的人因輕視而自暴自棄，而有的人則因輕視而奮發圖強，輕視就是一種處在邊緣的力量，運用得當，可以幫助我們走向成功之路，反之，則會加速我們步入毀滅。

在這個世界上，沒有一個人能夠得到所有人的肯定和讚揚。被你稱為敵人的人，總會在背後批評你，甚至公然的對你進行蔑視、指責、詆毀和攻擊。面對這些，我們要做的就是成功，用事實告訴他，三十年河東，三十年河西，人的潛力是無限的，任何不負責任的輕視言語，都有回到自己身上的一天，讓他知道，眼光差是件很可怕的事。

17歲時，才讀到國三的他因為家境不好，就輟學踏上了社會。他做過商行雜工、送貨小弟、電子廠工人、飯店服務生、郵差、照相器材售貨員等等，歷盡生活的艱辛。

有一次，一位富人把一輛超豪華的勞斯萊斯轎車停在飯店門口後，吩咐他洗車。他邊洗邊羨慕的摸著這輛異常漂亮的車子。洗乾淨後的車更是耀眼奪目，看著車內那真皮套的黑色方向盤，喜歡汽車的他猶豫了好久後，終於忍不住想打開車門進去坐坐，過一下「乾癮」。然而他剛把車門拉開，人還沒進去，就聽見領班炸雷一般的聲音：「做什麼？」等他縮回身子，只見領班怒目而視，輕蔑的對他喊道：「把車門關上，把你的髒手拿開，你這種人一輩子也坐不起勞斯萊斯！」瞬間，他就好像在寒冬裡被

人潑了一盆冷水,渾身冰冷。「早晚有一天我要混出個名氣來,早晚有一天我要自己買一輛勞斯萊斯!」倔強的少年在心中暗暗的發了誓。

被飯店炒魷魚之後,他做過郵局的搬運工人,因為體力不支,又被炒了。如此反覆,炒魷魚竟變成家常便飯。在被購物中心內的一間攝影器材公司炒魷魚後,他報名參加了演員訓練班,發奮磨練演技,要做出一番事業來。後來,他在演出電視劇《上海灘》後開始成名。這位少年就是演過多部電影電視劇的周潤發。正是當年的輕視,激起了他奮發向上的雄心,從而成就了一番偉業。

人的自尊是十分強烈的,每個人對自己的尊嚴都十分看重,一旦被輕視,便會產生反抗的情緒,無謂的言語爭辯只會換來更多的責難,與其如此,不如用事實讓那些輕視我們的人從此閉嘴。

很多人在功成名就後,都感謝那些曾經輕視他的人。正如〈海闊天空〉中的歌詞所唱:「海闊天空在勇敢以後,要拿執著將命運的鎖打破,冷漠的人,謝謝你們曾經看輕我,讓我不低頭更精彩的活。」生活中,要學會正確對待輕視,正是那些傷害與輕視,大刀闊斧的改變了我們生命走向和性格稜角,加快了我們走向成功的步伐。懷著一顆感恩的心,對那些舊的心酸往事,一笑而過,用全新的自我挑戰人生的更高峰。

別和自己過不去

在我們的人生當中,有太多的負重,這些負重不但讓我們的身體感到疲憊不堪,還敲打著我們的心靈。讓我們不得不做一些心不甘,情不願的事情。試想一下,在數十年的歲月裡,我們有多久的時間是在為自己而活?和自己過不去的時間似乎更長一些。

第一章　贏在心態—活著就要快樂

　　時間的流逝，帶走了許多屬於我們的快樂，回憶成為享受快樂時光的家園，這種快樂的方式，是一種無聲的悲哀。其實，所謂的煩惱，都是自我激發的。「本來無一物，何處惹塵埃」，只要我們自己放下沉重的包袱，不和自己過不去，生活便會被快樂的音符占據。

　　美國權威心理學家、認知心理學創始人艾里斯也指出，人生的煩惱不快其實都源於自己。將自己以往所產生的消極感受轉變成為積極、健康的嚮往和良好願望，人生就會充滿快樂。別猶豫，找回屬於自己的快樂生活，別和自己過不去！

　　很多人始終在生活中困擾自己，其實大可不必。萬事皆身外之物，生不帶來，死不帶去，過多的困擾只會將自己的人生打亂。輝煌燦爛固然是一種幸運，一帆風順也自然使人開心。人生苦短，每個人都會有得意、失意的時候，世上沒有一條直路和平坦的路，又何必痴求事事如意呢？別和自己過不去，對自己的人生進行定時清掃，將有用的留下，沒用的扔掉。

　　一個年輕人背著個大包裹，千里迢迢跑來見無際大師，他說：「大師，我是那樣的孤獨、痛苦與寂寞，長期的跋涉使我疲倦到極點；我的鞋子破了，荊棘割破雙腳；手也受傷了，流血不止；嗓子因為大聲呼喊而暗啞……為什麼我還不能找到心中的陽光？」

　　大師問：「你的大包裹裡裝的是什麼？」年輕人說：「它對我可重要了。裡面裝的是我每一次跌倒時的痛苦，每一次受傷後的哭泣，每一次孤寂時的煩惱，依靠它，我才走到了你這裡來。」

　　於是無際大師帶年輕人來到河邊，他們坐船過了河。上岸後，大師說，「你扛著船趕路吧！」「什麼，扛著船趕路？」年輕人很驚訝，「它那麼沉，我扛得動嗎？」「是的，你扛不動它。」大師微微一笑，說：「過河時，船是有用的。但過河後我們就要放下船趕路，否則它會變成我們的

包袱。痛苦、孤獨、寂寞、災難、眼淚，這些對人生都是有用的。它能使生命得到昇華，但長久不忘，就成了人生的包袱。放下它吧！孩子，生命不能太負重。」年輕人放下包袱，繼續趕路，他發覺自己的步伐輕鬆，走起路來也比以前快得多。

原來，生命是可以不必如此沉重的。在無際大師的開導下，年輕人終於知道了生命是可以不必如此沉重的道理。事實上，我們每個人都要學會放棄人生道路上遭遇的痛苦、孤獨、寂寞、苦難等，讓自己輕裝前進。別和自己過不去，才能讓生命更加精彩。

每一個人對生活的看法都是不同的。有的崇尚自由，有的喜歡富足，生活完全由自己來決定。不要讓別人的想法左右了你，只要自己喜歡，只要能為自己的快樂而滿足，就可以享受屬於自己的生活。如果總是覺得不滿，那麼即使你擁有了整個世界，也不會過得快樂。

現實中，有很多人喜歡和自己過不去，因為別人的一句話，便發生翻天覆地的變化。如果是好的變化，固然讓人欣喜，怕就怕明知是錯的，卻仍舊不知回頭，任性而為，以致造成無法挽回的局面。

李清剛步入社會不久，在交際方面很不擅長，但他卻很善於觀察，他發現，同事在放假時，都很喜歡玩線上遊戲，於是他為了與同事更好的相處，決定也加入其中，但他從小自制力就不是特別強，剛開始還好，由於處在弱勢地位，他只當線上遊戲是一種聯絡感情的方式，但時間一長，他玩線上遊戲的能力提高了，竟對此產生了迷戀，當別人勸他時，他說：「我發現線上遊戲真是個好東西，在這裡，我能找到存在感。」這話聽起來有幾分悲哀，人不活在當下，卻在線上遊戲裡看到價值，這種做法，是真正意義上的本末倒置。

生活中平凡，我們可以透過努力改變，線上遊戲裡即使當上君主，我

們也一樣無法在現實中找到自己的價值。其實，李清完全可以做自己，沒有必要為了他人而去強迫自己改變，這種改變，讓他偏離了正常生活的軌道，結果，讓自己的人生出現倒退。

放下心中的負擔和包袱，腳踏實地的生活，即使平凡，也是努力的結果，我們同樣可以感受這些透過努力得來的幸福。人生短暫，不要將時間浪費在與自己較勁當中，捨與得之間，要有一個準確的衡量，將需要放下的，果斷放下，才能讓自己有足夠的精力和能力，來拾起對我們生活更有意義的存在。

做人，沒必要和自己過不去。看開一點才能活得瀟灑。才能得到內心的快樂。一個快樂的人，不是因為他擁有很多，而是因為他計較得少。物欲太盛心難靜，傻瓜才會成為欲望和金錢的奴隸。別跟自己過不去，做自己喜歡的事，過自己想要的生活，這樣的人生才不會有遺憾。

▌專注是無形的力量

勤奮是一個人成功的金鑰匙。然而，勤奮也要注重效率，因此，專注的力量便被提到了一個新的高度。史蒂芬・褚威格（Stefan Zweig）在《人類的群星閃耀時》（Sternstunden der Menschheit）一書中感慨道：「一個人生命中最大的幸運，莫過於在他人生途中，即年富力強時發現自己生活的使命。」用一生的時間，來完成這個使命，這就是專注。可以說，專注在我們個人的發展過程中產生舉足輕重的作用。

無數的事實告訴我們，能夠在早年發現自己的使命並堅持下來是多麼幸福的事情。比如，比爾蓋茲在電腦方面的堅持，牛頓在物理學方面的堅持，愛迪生在發明方面的堅持，正是這些數十年如一日的堅持和專注，讓

他們在自己所從事的領域裡獲得了非凡的成就。

專注是一種怎樣的狀態，沒有經歷過的人無法想像，為自己所喜愛的事業，全心全意投入，如痴如醉，將周圍一切都排除在視線之外，眼裡除了事業再也沒有其他的東西。

有一次，牛頓和朋友一起吃飯，飯菜都已放在桌上，但牛頓卻並未出現，於是朋友等了很長時間後，決定自己先吃，並將桌子上的雞拿來吃了。在吃完後，他和牛頓開個玩笑，把所有的雞骨頭又放回盤子裡蓋好，然後離開了，牛頓走出書房後，看到盤子裡淨是雞骨頭，便推測自己吃過了，於是便又回書房，開始他的探索和研究。

這個故事初讀有些好笑，但真正理解後，便會發現，原來專注是一件令人羨慕的事情。很多成功，都與專注十分有緣，而能百分百投入自己的感情和精力去做自己喜歡的事情，是幸福的。有位心理學家說過，人類最快樂的狀態是投入一個有挑戰、符合個人能力的工作中，全神貫注，忘記其他的一切。我們知道研究工作是最枯燥無味的，但很多人卻能在這個方面全心投入，動力並非源自事情的結果，而是事情本身。

我們都知道成功在於堅持，卻更清楚堅持的困難。三分鐘熱情並不少見，但幾十年持之以恆做一件事情，就值得我們敬佩和學習了。

相傳，唐代的吳道子小時候畫畫的天分並不特別突出，能夠成為後來的畫聖，就是由於 20 餘年如一日不懈的專注和努力。當然，能否成為像吳道子這樣的一代宗師，需要的可能不光是專注，還有際遇，但可以肯定的是，如果一個人能夠 20 年來專注於一件事情，他至少可以成為這方面的大師、名師。

現代社會，資訊量越來越大，人們的壓力達到了難以言喻的程度。我們隨時隨地被各種資訊包圍。這些資訊為我們做事情提供了參考，但也分

散了我們的注意力，能夠做到專心致志的時間太少了，專注對於現代人來說顯得更加珍貴。

只要我們能夠專注於一件事，為此而努力探索、不斷進取，就一定能夠成功。怕就怕我們中途放棄，不能夠堅持到最後；怕就怕我們一心多用，導致心有餘而力不足，最後因為貪多而一無所獲。

世界撞球冠軍爭奪賽在美國紐約舉行，路易斯‧福克斯（Louis Fox）的得分一路領先，只要他再得幾分便可穩居冠軍寶座。就在這個時候，他發現一隻蒼蠅落在了撞球上，便上前揮手將蒼蠅趕走，當他俯身擊球的時候，那隻蒼蠅又飛到母球上，他在觀眾的笑聲中再一次起身驅趕蒼蠅。這隻可惡的蒼蠅已開始影響他的情緒。更為糟糕的是，蒼蠅像是有意跟他作對，他一回到球桌再次準備擊球，蒼蠅又飛回到了母球上，引得全場觀眾的哄堂大笑。路易斯‧福克斯的情緒因此惡劣到了極點，終於失去理智，憤怒的用球桿去擊打蒼蠅，球桿碰動了母球。裁判判他擊球，他因此失去了一輪機會。接下來，路易斯‧福克斯方寸大亂，連連失利，而他的對手則越戰越勇，趕上並超越了他，最終奪得了冠軍。

第二天早上，人們在河裡發現了路易斯‧福克斯的屍體，他投河自盡了。人們在感嘆的同時，也發現專注是能夠左右一個人的事業發展的。沒有專注，成功便會與我們拉開距離。

在電視上曾看到這樣一組豹追羚羊的鏡頭：一望無際的非洲草原羚羊在那裡開心的覓食，悠閒的散步。突然，一隻非洲豹向羊群撲去，羚羊受到驚嚇，開始拚命的四處逃散，非洲豹的眼睛死死盯著一隻未成年的羚羊，窮追不捨。

羚羊拚命的逃，非洲豹使勁的追。非洲豹超越了一隻又一隻站在旁邊驚呆觀望的羚羊，牠只是一個勁的向那隻未成年的羚羊亡命似的追，對身

邊的其他羚羊視而不見，一次次的放過了牠們。

　　終於，那隻未成年的羚羊被凶悍的非洲豹撲倒了，掙扎著倒在了血泊中。我們試想一下，如果非洲豹換目標，那時，牠的身體已經很疲憊了，但別的羚羊卻依舊保持著體力，牠能夠獵取羚羊的機會就會小很多，這就是專注帶來的成功。

　　專注來自目標專一，只有目標專一，才會集中精力、體力、智力，才會逐漸向目標靠近，專注的力量是我們無法去用任何標準來衡量的，一個不懂專注的人，總是會被其他的東西分散注意力，這是成功最大的障礙。只有真正將專注用於生活和事業當中的人，才能明白專注的價值。

快樂是一粒種子

　　快樂是最佳的生活態度，是一個人心理特質的外在表現。快樂是一種真實的表達，是發自內心的熱情，它是一粒種子，無意間播撒後，在精心培育下便可長成參天大樹，不但能讓自己受益，還能惠及他人。

　　有一個老人，他偶然間得到一粒很好的南瓜種子，得益於種子的優良，那一年，他的南瓜收成特別好，第二年，老人將南瓜的優良種子分給了周圍的人，很多人不理解他的做法，於是他給出了這樣的解釋：「如果我優良的南瓜和他們不好的南瓜種在一起，那麼他們南瓜的花粉會傳給我南瓜的花粉，這樣我的南瓜也就不優良了，如果他們都種上好的種子，會讓我的南瓜更好，而且南瓜的市場需求量很大，這是一件大家受益的事，我們為什麼不能一起分享呢？」這是一種無私的精神，快樂也是如此，它就像這粒南瓜種子，在收穫後，可以播撒出更多的快樂。生活中，我們每個人都希望得到快樂，當我們在尋找快樂時，卻不知快樂在哪裡。

第一章　贏在心態—活著就要快樂

其實快樂就埋藏在每個人的心裡，但卻由於人們的心裡充滿了太多的憂慮、欲望、仇恨、抱怨、妒忌、不滿、猜疑、游移，這些不利因素致使快樂的種子無法發芽。只要給它一個生存和發展的土壤，快樂就會成長起來。有了快樂，生活就會像花兒一樣，芳香四溢，瀰漫整個空間。

微笑是快樂最直接的表現，一個微笑，不用任何言語便可以輕易收穫人心，一個適當的場合，適當的時間，一個簡單的微笑就能創造一個奇蹟。這就是微笑，或者說是快樂的力量。

諺語說：「一家無笑臉，不要開小店。」世界著名的希爾頓飯店的創辦人康拉德·希爾頓（Conrad Nicholson Hilton）說：「如果我的旅館只有一流的服務，而沒有一流微笑的話，那就像一家永不見溫暖陽光的旅館，又有何情趣可言呢？」

每天利用幾分鐘，想像明天，下個星期或明年，都有可能發生許多令人開心的事情。不做一個杞人憂天的人，多想想美好的事情，如此一來，快樂便會與我們相約，如影隨形，不離不棄。

快樂的微笑往往是充滿希望的，無論遇到什麼事情，臉上總是有著讓人安心的微笑，心平氣和的接受人生的考驗。快樂是每個人給自己的禮物，它既是最廉價，又是最珍貴的。說它廉價，是因為它存在於我們每個人的心中，我們不用花一分錢便可以成功將其啟動，說它珍貴，是因為它的存在需要拋棄很多其他情緒，得來不易，當然要珍惜。

社會中，形形色色的人都存在，一個聰明的人不但自己快樂，還能讓周圍的人同樣感受快樂，而自以為聰明的人卻時常因各種事情而感到煩惱，對快樂不屑一顧。其實，在真正領悟生活後，會發現，原來快樂才是生活的原動力，有了它，我們可以獲得成功的能量，為個人的發展做長期的積蓄和規畫。

向前看，一切都會好

大海擁有著廣闊的心胸，百川之流均匯於此，但大海也是無常的，總有一些驚濤駭浪考驗人們的心理承受能力。生活就像一片大海，內容豐富卻時有波瀾，好的心態會引導我們走向正確的路，只要我們堅信 —— 向前看，一切都會好。那麼，任何困難都將變得微不足道。

當遇到不易解決的問題時，很容易產生絕望的想法，這種心態，會讓我們整個人變得頹廢，精神處在危險的邊緣。其實，只要有堅信的理念和夢想，在絕處尋找生機，便會發現，向前看，答案就在不遠處。

曾讀過這樣一則非常有意思的寓言：話說兩條歡天喜地的河，從山上的源頭出發，相約流向大海。它們各自分別經過了山林、幽谷、草原，最後在隔著大海的一片荒漠前碰頭，相對嘆息。

若不顧一切往前奔流，它們必會被乾涸的沙漠吸乾，化為烏有；若是停滯不前，就永遠也到達不了自由、無邊無際的大海。雲朵聞聲而至，向它們提出一個拯救它們的辦法。

一條河絕望的認為雲朵的辦法行不通，另一條河則不肯就此放棄投奔大海的夢想，毅然化成了蒸氣，讓雲朵牽引著它飛越沙漠，終於隨著暴雨落在地上，還原成河水流入大海。而不相信奇蹟的那條河，宿命的流向前方，被無情的沙漠吞噬了。在面對生活的困境時，我們都可以選擇當第二條河，在絕境中尋找生機，而不是用死亡來拒絕面對難題。

向前看，一切都會好，這種樂觀的心態能夠幫助我們創造奇蹟。曾有人說過，你不相信奇蹟，奇蹟也會遠離你。是的，一個對自己都沒有自信的人，別人的幫助又有何意義呢？

有一名乳癌患者，她透露自己當初被推入手術室的那一刻，不斷的和

上帝「討價還價」，祈求上帝讓她多活 10 年，待她那兩個年幼的孩子年長一點再來把她帶走。

在那一刻，孩子成了她活著的最大意義。為了孩子，她積極樂觀的面對病魔，一路走來已有 12 年，上帝也未向她「討債」。而另一名女士就沒這麼幸運了。雖然病情相似，但她卻因丈夫離開，生活失去了重心而自憐自艾，放棄與病魔搏鬥。面對死神的挑戰，患病不到 5 個月的她選擇了放棄，生命也就隨之消失了。由此可見，有了希望，才不會絕望，對於永不放棄的人，奇蹟才會讓她夢想成真。

細想一下，向前看，面前的這一點困難算什麼呢？人生的路還很長，無論是工作，還是生活，都可以不斷得到改善，不斷的往好的方向發展！在這個過程中，可能會跌得鼻青臉腫，或是碰得頭破血流，也可能會誤入歧途，一時找不到自己前進的方向……可是，只要向前看，就會有勇氣、有信心走過荊棘叢生，憧憬的美好生活就在眼前。在山下仰望山峰的時候，我們的內心總是會有一點膽怯，但真正到了山頂的時候，我們又會發出，原來我也可以做到的感嘆。

向前看，我們看到的只有目標，完成這一目標是我們唯一的想法，這種積極向上的心態，會讓我們時刻保持鬥志。有了精神做支柱，一切都會變得順利起來。不愉快的事情都會過去的，人要向前看，不要老是對過去念念不忘。生活是每個人都料想不到的，人要面對現實，找回自信，就要懂得一個道理，「陽光總在風雨後」，只要我們向前看，一切都會好的！

越簡單越幸福

有人說，人是最複雜的，因為人心難測，這是事實，但這只是一部分人選擇的生活態度，其實，人的需求是很簡單的，就像一首歌中所唱的：「渴了就喝水，睏了就去睡，孤單無聊時，音樂是安慰，快樂就會笑，傷心就流淚，很少談妄想，很少談後悔。」其實，簡單是一種幸福。簡單的日子就是一幅山水畫，當你置身其中時平靜而恬然，這種感覺就是輕鬆。人活一世，很多身外物，生不帶來，死不帶去，用簡單的心享受有限的生命，也是人生一種幸福的演繹。

在日本一個海岸邊，有一個美國商人坐在一個小漁村的碼頭上，看著一個日本漁夫划著一艘小船靠岸，小船上有好幾尾大黃鰭鮪魚。這個美國商人對日本漁夫抓這麼高級的魚恭維了一番，問他要多少時間才能抓這麼多？

日本漁夫說，才一下下工夫就抓到了。美國人再問：「你為什麼不待久一點，好多抓一些魚？」日本漁夫覺得不以為然：「這些魚已經足夠我一家人一天生活所需啦！」美國人又問：「那麼你一天剩下那麼多時間都在做什麼？」

日本漁夫解釋：「我呀？我每天睡到自然醒，出海抓幾條魚，回來後跟孩子們玩一玩，再跟老婆睡個午覺，黃昏時晃到村子裡喝點小酒，跟哥兒們玩玩吉他，我的日子可過得又充實又忙碌。」

美國商人不以為然，幫他出主意，他說：「我是美國哈佛大學企管碩士，我倒是可以幫你的忙！你應該每天多花一些時間去抓魚，然後把魚拿到市集上賣了，到時候你就有錢去買一艘更大一點的船，自然你就可以抓更多的魚，買更多的漁船，然後你就可以擁有一個漁船隊。到時候你就不必把魚

賣給魚販，而是直接賣給加工廠，或者你可以自己開一家罐頭工廠，如此你就可以管理整個生產、加工處理和行銷，然後你可以離開這個小漁村，搬到大阪，再搬到橫濱，最後到東京。在那裡經營你不斷擴充的企業。」

日本漁夫問：「這要花多少時間呢？」

美國人回答：「15 至 20 年。」

日本漁夫問：「然後呢？」

美國人大笑著說：「然後你就可以在家當皇帝啦！時機一到，你就可以宣布股票上市，把你的公司股份賣給投資大眾，到時候你就發財啦！你可以幾億幾億的賺！」

日本漁夫問：「然後呢？」

美國人說：「到那個時候你就可以退休啦！你可以搬到海邊的小漁村去住。每天睡到自然醒，出海隨便抓幾條魚，跟孩子們玩一玩，再跟老婆睡個午覺，黃昏時，晃到村子裡喝點小酒，跟哥兒們玩玩吉他囉！」

日本漁夫說：「我現在不就是在過這樣的日子嗎？」

看，原來幸福不必繞多個彎，只要我們欲望少一點，同樣可以達到幸福的目的。這個故事並不是要我們不思進取，只是提醒我們幸福有很多種，簡單也是其中的一種，每個人人生目標不同，幸福的標準自然也不一樣。有的人將自己的目標訂得很高，想在平凡中走出不平凡的路，對他來說，幸福就是完成目標，但在有的人心中，在火車裡，看著窗外飛逝而過的風景；在月光下，獨自感受著月光的清冷；在櫻花樹下，欣賞一場櫻花雨，這所有的一切都是簡單的幸福。

簡單是可以獲得幸福的，而做一個簡單的人是不需要天分的，一個人的心態決定了一個人所要走的路。如果你覺得很累，不妨讓自己簡單一點。

可以平凡，不能平庸

平凡和平庸僅一字之差，於生活的意義卻失之毫釐，差之千里。平凡的人，是機器上的一個螺絲釘，毫不起眼，但在發揮著自己的用處，實現自己的價值。平庸的人，是一個廢棄的螺絲釘，身處機器運轉之外，無心也無力參與機器的運作。人如果平庸，那是靈魂的死亡。因而，平凡與平庸是兩種截然不同的生活態度。這種態度反過來也對生活產生不可估算的影響。

讓我們來看一位平凡勇士的不平凡事蹟：當成千上萬的人聚集在海岸邊觀看颱風帶來的海潮時，一個巨浪襲來，把岸邊的一個年輕女性捲入海中。此時，正在岸邊、從事裝修工作的魏青剛沒有絲毫猶豫，縱身跳下兩公尺多高的防浪牆，向落水年輕女性游過去。一次、兩次、三次，魏青剛跟巨浪搏鬥了 40 分鐘，終於把落水者救了上來。而在這次下海救人前，他從未見過海，也從未在海浪中游過泳，只在家鄉有過兩次勇救落水者的經歷。

穿著被海水浸透的衣服，拖著極度疲憊的身軀，魏青剛緩步走回了工廠。3 天後，人們才知道了英雄魏青剛的名字。魏青剛的義舉很英勇，但他的言辭卻極樸素：「小的時候，父親就對我說，能幫助人家就盡量幫。你有困難，別人可以幫你，人家有困難你不幫助別人，你的善心在哪裡？我總是想，人家的命是命，自己的命也是命，如果自己犧牲了，能換取了人家的生命，也是一樣的。」就是這樣一個平凡的人，卻做出了英雄的舉動，這讓我們在感嘆的同時，對平凡又多了一份尊敬。

在我們身邊有很多讓人感動的事情，這些事情可能沒有像獲得世界冠軍那樣耀眼奪目，卻也能夠深深震撼我們的心靈，讓平凡一點點成長。

第一章　贏在心態—活著就要快樂

　　與平凡不同，平庸的人是無法做出成績的，而使一個人平庸的原因往往在於他的心態。這就像在一場田徑比賽中，沒有人認為最後一名是平庸的，因為他在奔跑，他的血液沸騰著，他的目光是灼熱的。我們幾乎很少看到比賽中的最後一名滿臉羞愧，他以同樣的尊嚴與熱情跑過終點。而一個連上場跑一跑的勇氣都沒有的人，一個以消極心態面對平凡的人，才是一個真正的平庸者。他的悲哀使他將永遠是這個世界的觀眾，而自己一無所有。

　　平凡並不可恥，它是很多人一生當中的常態。在平凡的生活中，活出精彩的自己，對每個人而言都是一件有價值的事情。平凡與平庸不同，重視平凡，認真工作，就能在平凡中成就自己。我們可以無過人之才，也可以無驚世之舉，但絕不可以不知為什麼而活。平庸是可怕的，因為它讓我們迷失了生活的方向，迷失了自己，人是不可以沒有目標和責任感的。渾渾噩噩、無所事事、無所用心的生活方式，只會讓我們陷入無盡的痛苦當中，無法自拔。平凡不是錯誤。我們所有的人都是平凡的，但那不是你選擇平庸的理由，也不是你沒有出類拔萃的根據。平庸的理由可以有千萬個，但傑出的原因則只需要一點，那就是即使平凡也不要甘於平庸。做個平凡的人很幸福，但做個平庸的人卻很失敗，在幸福與失敗之間，我們每個人都要做出正確的選擇。

第二章
贏在口才 —— 會說話才有好未來

　　口才像一把神奇的鑰匙，可以打開心靈的迷宮；口才像陰暗中的一縷陽光，它的光芒照亮周圍的一切。這就是口才的力量，在現代社會當中，口才的作用是無可替代的，它已成為人們溝通不可或缺的工具。

　　生活中，一句話往往讓他人產生「聽君一席話，勝讀十年書」的感慨。這種恍然大悟可以讓我們縮短成功的路程。口才是奇蹟的創造者，它將不可能變為可能，發生在成功人物身上的奇蹟，至少有一半是由口才創造的。從古至今，口才的力量都是備受推崇的，無數的名人以它為工具，讓自己的人生發生根本性的轉變，是口才讓他們開啟了精彩的生命旅程，創造了讓後人為之驚嘆的歷史。

妙語連珠須厚積薄發

口才的重要性，在今天我們都已知曉。之所以人與人之間的口才有差別，是後天努力不同造成的，是一種人為因素。好口才並不是一蹴而就的，它是需要長期的累積和實踐的，那些妄想今天學習，明天就能運用自如的人都是不切實際的。好口才需要時間和生活的磨練，厚積薄發是造就好口才的前提。

所謂口才不佳，只是為自己的不努力找藉口罷了。經過多次的嘗試與體驗，就能學會談話技巧，只要時常這樣想：「這種方法不盡理想，是什麼原因呢？」、「還有其他更好的方法嗎？」如此追根究柢，累積各種經驗。此外，閱讀報刊、欣賞電影、傾聽別人說話，都可以學習說話的技巧，從而提升表達能力。

說話一般是從禮貌性的打招呼開始的。若認為打招呼只是形式而忽略了它，就無法開啟主要的話題。因此，和別人初次見面，還是應該禮貌性的與對方交談，再逐步深入主題，溝通才會更順暢。有禮貌被認為是現代口才當中，不可或缺的部分，初入社會的人，無法建立良好人際關係的原因之一，就是忽略了禮貌的重要性。在用詞方面，一些年輕人總喜歡說些朋友間常用的流行語，這些話都過於活潑而不夠穩重。此外，與人談話時，若漫不經心的作答，會讓長輩及上司對你產生反感。口才就像是一把雙刃劍，它既可以成為保護自己的工具，也可以成為傷人的利器。自古以來，凡說話大師，在言談運用方面都十分謹慎。正是這份小心，讓他們在自己所在的領域無往而不利。

狄摩西尼（Demosthenes）在歐洲被稱為「歷史性的雄辯家」。據說，他天生聲音低沉，呼吸短促，口齒不清，旁人經常聽不清他在說些什麼。當時，在狄摩西尼的祖國雅典，政治糾紛嚴重，因此，能言善辯的人

備受重視。儘管狄摩西尼知識淵博、思想深邃，十分擅長分析事理，能預見時代潮流和歷史發展趨勢，但是，他認為自己缺乏說話技巧，容易被時代所淘汰。

於是，他做了一番周密仔細的思考，準備好了精彩的演講內容，第一次走上了演講臺。不幸的是，他遭到了慘重的失敗，原因在於他聲音低沉、肺活量不足、口齒不清，以至於聽眾無法聽清楚他所言何事、何物。但是，狄摩西尼並不灰心，反而比過去更努力的訓練自己的說話能力。他每天跑到海邊去，對著浪花拍擊的岩石放聲吶喊；回到家中，又對著鏡子觀察自己說話的口型，做發聲練習，堅持不懈。終於皇天不負苦心人，再度上臺演說時，他博得了眾人的喝彩與熱烈的掌聲，並一舉成名。

可見，只有刻苦勤奮、堅持不懈的努力練習，才會獲得令人驚奇和矚目的成功。同時，這個故事也告訴我們，好口才是我們成功的基石，有了它，我們才能將手伸到更高的地方。現代社會，沒有哪種活動是不必開口說話的，商業、社交、政治甚至社群，無不需要口才。練習的機會越多，改進的機會也就越多，到處都是練習談話的題材和對象。只有不停的練習，你才能知道自己可以進步到何種程度。

妙語連珠的人是讓人羨慕的，但若沒有長期的累積是無法做到出口成章的。好口才的練就由內因和外因共同決定。而內因是口才的基礎，是說話者能力大小的基石。以下幾點對好口才的發揮產生了極大的影響作用，應引起我們的高度重視。

* **好口才要有高尚的道德**：做事之前，先學做人，道德是做人最重要的一方面，一個沒有道德的人是不會得到他人尊重和認可的。說話也是如此，我們試想一下，一個道貌岸然的人，一個品德低下的人，一個滿嘴謊言的人怎麼可能說出有藝術水準的話來呢？比如，有一個人總

是喜歡在別人面前，標榜自己的孝心，但在臺上講得精彩，卻在私下對自己的父母漠不關心，這樣的人，講孝心根本就是一種諷刺。因此，一個人需要有高尚的道德品格，才能做一個會說話，擁有好口才的人。

* **好口才要有好學識**：讀書是一個人獲取知識的有效途徑，而知識作為一個人的內在，會透過說話表現出來。有了豐富的知識，精深的學問，講起話來才能精彩迭出，為聽眾帶來一種聽覺上的享受。中國有句古話：「書到用時方恨少。」這裡應改為：「說到用時方恨少。」根據一個人所說的內容，我們就能大致為這個人下一個判斷。比如，易中天教授，他在演講中引經據典，各種成語各種典故隨手拿來，表達自如，妙趣橫生。這就是學識的表現。正是這些知識，讓我們在聽的過程中，自己的知識面也在不斷拓展。

* **好口才要有盡可能多的才能**：好的口才在發揮時，除了本身的言語精彩外，還要具備一些其他的才能，比如，協調、寫作、交際等，這些才能會為口才加分，具有表演才能是好口才必須具備的，沒有這個才能，就無法將自己的喜、怒、哀、樂等想法情感充分的表達出來，傳遞給聽眾，聽眾在演講者身上看不到情緒的變化，便不會與之產生共鳴。盡可能多的才能會提高我們的口才魅力，為更好的表達提供更加有張力的舞臺。

* **好口才還要有膽量**：在學識、才能、道德都具備的前提下，膽量就是口才發揮的東風，沒有它，再好的口才也無法完全展現出來。沒有膽量，即使學貫中西，滿腹經綸，也無法擁有好口才。因此拋棄心中的畏懼和膽怯，口才才能百分之百，甚至是百分之兩百的超常發揮。

好的內因，是外在的基礎，這就像一座高樓，無論外觀設計得如何漂亮，都要在地基穩固的前提下進行施工。但一個有設計感的外觀，也是必

不可少的，因此，口才的發揮除了內在因素外，外因也是極其重要的。

有句俗話說：「三分長相，七分打扮。」這句形容人的話，用在口才當中也同樣適用。開口說話是人的本能，但說得是否有內容，聽眾能否接受，就是說話的藝術了。外因的作用是讓說話者說得妙趣橫生，聽者聽得拍案叫絕。外因不是說好話的絕對核心，但是沒有外因的配合，說話就會失去其應有的色彩。那麼，好的口才，應該具備哪些外因呢？

* **好口才要有好情感**：情感是內心釋放的表達，人有情感，說起話來才能感人。比如，一個人講一個很悲情的故事，說話的語氣從始至終都是一個聲調，平淡無情感，這樣的故事，即使真的很感人，也無法引起聽眾的共鳴。同樣一句話，不同的人說有不同的效果，同樣一句話，同一個人用不同的情感表現出來，其意思也大不相同。曹操是最具爭議的歷史人物之一，被評為「奸雄」的他，有著很殘酷、殘暴的一面，在很多人的心中，對他的情感是趨於貶義的。但他表現出來的雄才大略，卻又令人敬仰。如何對其進行評價，需要依靠言語的力量，而情感在其中占據著無可替代的位置。主觀的情感有些時候是能夠影響對一個人的評價的。

* **好口才要有好的觀察力**：這是說我們要對生活充滿熱情，在生活中要有一顆善於觀察，善於總結，善於比較，善於思考的心。用眼觀六路，耳聽八方來形容也不為過，只有善於把自己看到的記在大腦裡，才能在運用時，做到胸有成竹，才能使口才提升到藝術的層面上來。

要想做到妙語連珠，就要在平時加強對說話的修練。任何成功背後都是有代價的，只看到別人輝煌的一面，卻看不到背後的付出，是片面的，這種只看到一面的人，是無法在說話方面有大成就的。

左右逢源，說話有分寸

　　說話與會說話是兩個不同的概念，說話可以不講方法，只要能表達清楚自己的意思，目的就達到了。但會說話不同，一個會說話的人，在說話時，不但要注意表達方式，還要注意說話的分寸，左右逢源，才能被大多數人所接受和認同。會說話已成為我們生活的一部分，它與我們的個人發展息息相關。

　　會說話是我們自身素養的一種外在表現，在社交中，會說話的人多是社交高手，他們能在人們的言談之間，讓自己的話語發揮作用。想要達到這樣的效果，聲量是沒有用的，用對方感興趣的話題，吸引對方注意力則是一種最佳途徑，也是最常用的方法之一。奧地利著名心理學家阿德勒（Alfred Adler）在著作中有這樣的名言：「對別人不感興趣的人，他一生中的困難最多，對別人的傷害也最大。所有人類的失敗，都出自於這種人。」這句名言指明了，會說對方感興趣的話，對個人的發展是至關重要的。為了這個目的，一些情感上的付出是無法避免的。

　　被公認為「魔術師中的魔術師」的霍華・薩斯頓（Howard Thurston），在他那個時代裡，創造了一個令人矚目的奇蹟，他用自己的表演吸引超過 6 千萬人來看他的演出。很多人不明白，這個偉大的魔術師究竟有何魔力？其實，在真正了解後，我們發現，他成功的祕訣就是懂得如何從關懷觀眾的角度出發，懂得表現人性。他明白，任何魔術都是以人為主體的，因此，他對每個人都表現得真誠的感興趣。他說：「許多魔術師會看著觀眾，而對自己說：『坐在臺下的那些人都是一群傻子和笨蛋，我可以把他們騙得團團轉。』」而他卻是不同的，他在臺上，會對自己說「我很感激，因為這些人來看我的表演，就是我的衣食父母，是他們讓我能夠過上

很舒適的生活，因此，我要把我最高明的手法，表演給他們看。」同樣的表演，卻因為對自己說的話不同，而產生不同的效果。會說話的人，不但能鼓勵自己，還能引發他人對自己的關注。這個故事告訴我們，只有從關懷對方的角度出發，所說的話才能起到不可估算的作用。這也是一種左右逢源，會說話的表現。

人與人之間是有互動的，說話也是如此，你想要別人如何對待你，你就首先如何對待別人。這就是我們常說的互動的說話方式。如果你對一個人說話很傲慢，那麼對方對你的態度也不會好；如果你對別人說話時用一種謙虛平和的方式，那麼，對方對你也會表達出應有的敬意。一個受歡迎的人，在說話時，心中會有一個自己的尺度，什麼話該說，什麼話不該說，見什麼人該用什麼態度，說什麼話，都可以做到心中有數。這個數就是受歡迎的根本所在。因此，我們在替別人著想，對別人做出自己力所能及的支持時，其實也是在為我們自己鋪就成功之路。

有一位推銷員，他在為皮鞋廠工作，他曾多次拜訪倫敦的一家皮鞋店，但其拜會老闆的請求都被鞋店老闆拒絕了。面對這樣的拒絕，推銷員並沒有灰心，而是真心替鞋店考慮，力所能及的對其進行支持。有一次，他在一份報紙上，看到一則關於變更鞋業稅收管理辦法的消息。他認為這個消息對鞋店的發展是十分有利的。於是他帶著報紙再次來到了這家鞋店。當他來到鞋店前時，就大聲的對鞋店的一位售貨員說：「請您轉告您的老闆，說我有方法讓他發財，可以讓他大大減少訂貨費用。」在店員轉告後，這位鞋店老闆同意接受他的拜會。

在生活中，達到目的的方式有很多，一個有利於他人的思考，就可以順利達成我們的目的。當然，只有思考還遠遠不夠，還要有充滿誘惑性的話語，只有打動對方的心，對方才會感受到你的誠意，從而對你產生好

感，並願意與你更進一步合作。說話有技巧，辦事才能暢通無阻。

我們知道，愛聽好話是人的共性。一個會說話的人會運用讚美來吸引他人的目光，讓自己成為左右逢源，受歡迎的人。好話已成為人與人之間溝通的橋梁。有了它，人與人之間的關係變得更加和諧。

1960 年，法國總統戴高樂訪問美國。在一次尼克森總統為他舉行的宴會上，尼克森夫人費了很大的心思，布置了一個美觀的鮮花展臺，在一張馬蹄形的桌子中央，鮮豔奪目的熱帶鮮花襯托著一個精緻的噴泉。這本是一個小的細節，但精明的戴高樂卻發現了這一點，並對女主人的設計表示感謝，同時，稱讚道：「夫人為舉行這一次正式的宴會，一定花了很多時間來進行漂亮、雅致的計畫與布置吧？」尼克森夫人聽後十分高興。就是這個小小的稱讚讓賓主的關係更近了一步。 這就是好話的力量，效果可謂立竿見影。

要讚美，就必須找到可讚美之處。這是讚美的要點，這是會說話的畫龍點睛之筆。而要找出可讚美之處，就要用眼睛去發現、去挖掘，這也是我們能夠在最短時間裡獲得別人好感的、最該使用的一種讚美技巧。千萬不要以為讚美細微之處是「不足掛齒」的。讚美並不是想說就說，天馬行空的，而是有高明技巧的。如果讚美太過空泛，會讓人留下虛偽不真的印象，這個印象對我們的交際是十分不利的。一個會說話的人，不但要學會讚美的話，還要學會如何發現可讚美的點，只有兩者完美結合，才能讓讚美發揮出應有的作用。

有一對夫婦，十分喜愛孩子，但結婚 10 年卻未能如願，在這種情況下，為了讓自己的感情有寄託，他們養了幾隻小狗，這些小狗得到了夫人的百般疼愛。

有一位汽車推銷員看透了這位夫人內心的想法，於是，他運用自己的

口才對夫人的幾隻狗大加讚賞，並說這種狗很名貴，誇這位夫人有眼光、會養狗。這些話，讓那位夫人對推銷員產生了好感和認同，於是很快便答應他星期天來和自己的丈夫面談。

當那位夫人的先生下班後，他的夫人很開心的對他說：「你不是說要買車嗎？我已經幫你約好了，星期天汽車公司的人就來洽談。」這位先生本來一直在猶豫，聽到夫人自作主張很生氣，但事已至此，也不便多說什麼。

星期天，推銷員上門來了。與先生進行交談，幾句話中，他就看出這位先生是個優柔寡斷之人，便對這位先生又是一番讚嘆，說得先生心花怒放，彷彿被一隻無形的手牽引著，便很痛快的買下了那位推銷員的車。

讚美的話人人愛聽，但卻未必每一句都能讓人感到身心愉悅，有些讚美會因太過虛假，而令人產生反感，因此，學會說讚美話是會說話的重要一步。我們在說讚美的話時，不妨這樣想，既然說好話可以讓別人開心，我們又不會因此受損，何樂而不為呢？有了這種想法，讚美才是發自內心的。表裡不一，也許可以瞞得了一時，卻終究不是長久之計。

夢想對每個人而言都是必不可少的。有了夢想，才有了奮鬥的方向和動力。當一個人的夢想被稱讚時，人們會情不自禁的對說話之人產生好感。

在一個停車場裡，圖書推銷員李恩看見一位先生開著一輛小車過來，停在了車位上。這時，他走過去向那位先生推銷書。當他看到那位先生處在猶豫當中時說道：「您好，我常在這一帶賣書，希望下次您開著 BMW 過來時，還記得我。」一句話，說得那位先生很開心，於是答道：「放心，我一定記得。」這時，李恩又說：「您這麼年輕，卻已有如此高的成就，真是讓人佩服。」於是那位先生最終下了訂單。李恩望著車子駛去的背

影，深深的明白，今天的成功交易又驗證了那句話：每個人都有夢想，每個人又都期待著夢想成真的那一刻。當用讚美之詞肯定對方的夢想能夠實現時，他的心理會得到極大的滿足，這時，不好說話的人也會變得異常可愛。夢想是推動一個人不斷向前走的手，只要有夢的地方，就有希望。我們可以從夢想入手進行談話，引發對方的興趣，從而達到自己的目的。

　　一個會說話的人，必是一個能夠快速洞察人心之人，他們能在幾句話間，便讓對方產生好感。會說話是一門藝術，要想左右逢源，就要掌握好說話的分寸，記住一句話：有分寸才有主動權，有主動權才能有好的未來。

▌勇於將好話說出口

　　每個人對自己喜歡的人總會說一些好話，這些話只是單純的讚美，不摻雜任何功利性的東西。這種讚美很溫暖，也很讓人感動，更能真切的感受到對方的真誠。這對任何人而言，都是打破人際壁壘的有效方式。然而，很多人因為自身性格的原因，卻很難將這種話說出口，甚至會在心中為自己這種不好的行為找藉口，主觀的認為，即使不說，對方也能明白。正是這種妄自猜測，讓自己的人際關係逐漸陷入僵局。

　　其實，好話是需要說出口的，我們要記住，任何相互了解的人，也不可能時時都能從對方的一舉一動中，看出對方的心思，一旦我們判斷失誤，便容易產生誤會，這種誤會可能會直接影響兩個人的關係，讓雙方的情感出現裂縫。因此，好話說出口是一個必要的步驟，沒有了它，兩個人的關係就會猶如空中樓閣，總是被一種不安全的感覺包圍，勇於將好話說出口，是雙方感情更加穩固的一個必不可少的前提。

有一個老人，他的妻子生病了，病得很嚴重。幾個月來，老人一直守在她的身旁，由於不擅表達，兩個人說的話少之又少，大多數時候，他都是握著妻子的手，在妻子過世後，老人才發現，原來自己有很多話想對她說，可是現在卻晚了。老人後悔了，他告訴自己的兒子，有些話要說出口，只有說出來，對方才能明白你的意思，藏在心裡，是不會真正讓對方體會到的。做個勇敢的人，將好話說出口，讓對方更清晰的了解你的內心，只有心靈的溝通，才能讓情感得到昇華。

　　也許，在生活中我們常遇到這樣的場景，當妻子梳妝完畢，轉過身來時，你感到很美麗，讚美的話就在嘴邊，馬上就要說出口，但你的意識卻告訴你，這樣做很肉麻，更何況，兩個人在一起這麼久，即使不說，她也會從眼睛裡看出來的，於是在這種想法的左右下，你將讚美的話留在了心裡，沒有看到妻子眼中一閃而過的失望。

　　工作中，同事獲得了一項榮譽，你很清楚這個榮譽是得來不易的，平時的努力讓他有了這樣的成就，雖然得到榮譽的不是你，但你還是感到由衷的高興。本來想對他說：「這個榮譽是實至名歸的……」但又怕別人認為你是一個虛偽的人，只知道奉承，同時，也怕這位同事對你產生誤會，於是，話到嘴邊，又吞了下去。也許會有很多人對他表示祝賀，但他們的話並不是你說的，無法表達你的真誠，因此，勇於將好話說出口是十分必要的。

　　其實，有些時候，顧慮太多，也會影響我們與他人的互動，將讚美的話勇敢的說出口，是一種自信的表現，同時也是拓展人脈的必經之路。

　　在社會中，你的地位是相對的，在下屬面前是主管，在主管面前又成為下屬。當下屬工作出色，身為主管的你對他的表現十分滿意，本想對他提出表揚的，但卻又怕下屬在表揚後會過於得意，讓身為主管的你失去威嚴，於是便裝糊塗，克制住自己，只是按部就班的給他下一個任務。卻不

知道，這樣的做法讓下屬很是心寒。既然做得好和做得不好，主管都同一個態度，為什麼不讓自己輕鬆一些呢？這樣的想法一產生，工作效率必然會下降。因為少說一句讚美的話，導致雙方關係直線下降，這樣的做法真的值得嗎？

在上司面前，身為下屬的你，對上司的工作很認可，認為上司是個獨具魅力的人，在處理問題時正確果斷，作風正派、身先士卒，你很想在共同享用午餐時把大家對他的好評，包括你的肯定，直接告訴他。但是，你怕會被他視為別有用心，更怕這會喪失自己的尊嚴，於是，這些話又被留了下來。好話終究沒有說出口。

在樓門口遇上鄰居全家，老少三輩，全體出動，去附近的餐廳聚餐。看到他們和諧喜悅的情形，你想跟他們說幾句祝福。可是，你想到人家平時並沒有跟自己家說過什麼吉利話，又覺得此時此刻，人家也許並不會珍視你的友好表示，於是好話又被擱置了。

在購物中心逛街，你遇上一位服務態度確實非常好的售貨員，當她將你購買的商品裝進漂亮的包裝袋，親切的遞到手中時，你本想不僅說一聲「謝謝」，而且加上幾句鼓勵的話。到頭來你還是沒說，認為即使自己不表揚，別的顧客也會說的，多自己一個不多，少自己一個也不少，何必多此一舉呢？很多好話，就是在我們想當然中悄然而逝。

在研討會上，遇上工作對手，儘管你不能苟同他的觀點，可是他那認真探索的精神、自成邏輯的推演、抑揚頓挫的演講，實在令你不得不佩服他的功力。本來想和他說幾句好話的，但在跟前時，卻又感到很彆扭，於是一開口，話的味道全變了，成了咄咄逼人的「語帶雙關」的酸話。好話沒說出口，卻讓對方產生了反感，得不償失，說的正是這樣的舉動。

當你面對他人，心頭湧現非自我功利目的、自然親切、樸素厚實的好

話時，你不要猶豫，不要遲疑，不要退卻，不要扭曲，要盡快把好話說出口。只要你確實由衷而發，確實不求回報，確實充滿善意，確實問心無愧，你就大大方方、清清楚楚的把好話說出來。即使遇上「狗咬呂洞賓」的情形，你也並無所失。因為你煥發著人性善的光輝，你把好話給予別人，即使是你的親人，那也是必要的播種，善意、愛意、親和意向的種子，會讓我們的人際關係發芽，從而向著更好的方面發展。

「話人人會說，只是不見得人人會說話，有話好說，只是不見得人人說好話，不說好話的道理很簡單，因為他沒有多想一想。」好話到了嘴邊卻又留下的人，身上缺乏的是勇氣和自信，要知道，人人都愛聽好話，好話就像蜂蜜，能為人的內心帶來甜蜜和快樂。

人與人之間需要好話，尤其是非自我功利目的的好話，這樣的好話，在這個世界上不是多了，而是還很缺乏。學會將好話說出口，可以更有利於我們人際關係的發展，對我們個人的發展也是百利而無一害。勇於將好話說出口，你就會發現，原來人與人之間的互動也並非想像中那樣難。

說得好還要說得巧

說話是一門藝術，不但要說得好還要說得巧。說得好可以讓對方感受到我們在語言文字方面的功力，從而產生一種願意接近的感覺；說得巧，可以幫助我們讓對方認可我們的觀點，從而找到一個共鳴的平衡點。

在現實社會中，說話已成為闖天下的一門必修課，它的重要性被實踐證實。好口才成為人才的衡量標準之一，越來越被企業和個人所重視。要知道，沒有誰可以在不開口的情況下將事情順利辦成。口才已成為最有效的辦事工具。

在談話過程中，說得好和說得巧在其中發揮了至關重要的作用。一個會說話的人，他的話題必然會引起聽眾的興趣，讓他們積極參與其中，不會發生「話不投機半句多」的尷尬現象。而不會說話的人，在交談中，一個人扮演著兩個人的角色，多數時間都在進行自言自語，他所說的話，得不到對方的回應，這樣的談話沒有任何意義可言。

一名自認為相當有錢的男子愛上了一位氣質高雅的女子，於是頻頻打電話邀她出去約會。女子雖然三番兩次的拒絕，但男子卻越挫越勇，絲毫不肯放棄。女子實在是拗不過他，只好勉強答應和他一起吃頓晚飯。

男子選了一個環境美、氣氛佳的西餐廳，因為用餐時間還沒到，所以他們各點了一杯飲料，聊聊天。男子一開口就說個沒完，大談自己收藏古董的經驗，並炫耀的說他收藏的每一件古董的價錢都讓人咋舌。

女子默默的聽著，對這種炫富的行為很是不屑，心裡想：「你這個乏味的老古董！」

男子談了半天，終於發現女子對這個話題好像不感興趣，於是改變策略，他伸出手腕，讓女子看他戴的金錶：「知道嗎？這支錶花了我 20 多萬元！」

女子笑了笑，仍舊不發一語。男子得到鼓勵，口沫橫飛的繼續說：「這對我來說只是個小數目，我每個月用來買衣服的錢都不只 20 萬元！看，我身上這套西裝是進口的名牌，要 10 幾萬元，這條領帶是純絲的，價值1萬多元，還有這雙皮鞋，別看它是踩在腳下的，可是用進口的巴西牛皮專門到法國訂製的，純手工製作，還找不到第二雙呢，花了我將近 10 萬元。」說著，男子得意的蹺起腳來，用手指彈彈鞋子上的灰。

女子聽著聽著，眉頭皺了起來，只見她從容不迫的把服務生叫過來，拿起菜單開始點菜：「麻煩你，替我來一份價值 250 元的牛排，還有 40

元的生菜沙拉，20元的洋蔥湯，還要一勺法國進口、全國找不到第二勺的霜淇淋。我想，我吃這些就夠了。」服務生聽得瞠目結舌：「小姐，我們的每一份餐點都有固定價格，您不是在開玩笑吧？」

「哦？你們不提供這種分量？但是我的胃口很小，太貴的東西我吃不起，那只好讓這位高貴的先生在這裡吃吧。」女子一邊說一邊推開椅子站了起來，又溫柔有禮的對那男子說：「好好享受你的晚餐吧，先生。」

遇到話不投機的對象，你會怎麼做呢？站起來就走？那只會顯得自己太沒禮貌，而且自得其樂的對方根本不知道是怎麼一回事，完全得不到教訓。當場把話說清楚呢，又未免太小題大作了，他不過是說些你不愛聽的話，有必要這麼義正辭嚴嗎？有「心眼」的人說話時總要顧及對方的感受，當他遇到話不投機的人時，總是不會以翻臉來對付，而是有智慧的運用語言邏輯來回敬他，讓他無言以對，自討苦吃。這就像故事中的那位女子一樣，她用點餐的方式，告訴那個男子，她對錢沒多大興趣。這種說得好，說得巧的方式，讓對方在明其意的情況下，最大限度的保留了顏面，又巧妙的表達了自己的不滿，可謂一舉兩得。

會說話的人會在拒絕時也採用婉轉的策略，讓對方明白自己的意思卻又不感到十分尷尬。這就是說得好又說得巧的要義所在。說話本身就是一門高深的藝術，需要我們不斷學習和實踐，會說話不但能讓我們成為一個社交高手，還對我們個人的發展產生至關重要的作用。

巧打圓場，化解尷尬

　　生活中常常會出現一些爭端，這些爭端可以演變為鬥氣甚至暴力衝突，也可以巧打圓場而使雙方息事寧人。顯然後一種方法更得人心，巧打圓場不但能化解爭端和尷尬，也是一個人智慧做人的一種表現。「和事佬」這一角色的扮演，不但需要高明的演技，還要一張巧嘴做後盾，才能將其演繹到位。

　　清末的劉復才當江夏縣知事時，為人處世極為圓滑，常常在兩方爭執不下之際，他一兩句話就為雙方打了圓場。總督張之洞和巡撫譚繼洵平時意見就不太一致。一天，劉復才在黃鶴樓設宴，當然也少不了張之洞和譚繼洵二公。酒過三巡，諸位賓客都有一些醉意。忽然，一位客人不知怎麼談起了武漢江面有多寬的問題。譚繼洵說：「有五里三分寬。」

　　他的話音未落，張之洞就說道：「不對！我記得確實是七里三分寬。」兩人頓時爭執起來，互不相讓，旁邊坐著的諸位客人勸說，也無濟於事。一下子都不知道說什麼好，只好任由他倆爭執。

　　劉復才坐在末座，看見席間這番爭執，感到不妙，繼續爭下去，搞得不歡而散可就糟了。

　　他急中生智，徐徐舉起手來，說道：「江面水漲，則寬七里三分。水落，則五里三分寬了。張公說的應該是水漲時，譚公說的應該是水落時。兩位大人說得都沒有錯。」

　　張之洞和譚繼洵聽到這話，頓時哈哈大笑起來，席間頓時恢復了原有的輕鬆氣氛。旁邊坐的客人也為劉復才片語解圍的機敏而折服。人都具有好勝心，爭強好勝是人的天性之一，因而生活中便少不了爭得面紅耳赤，下不了臺，這時便需要「和事佬」出來打打圓場，息事寧人，給雙方一個

都可以接受的臺階下。所以，這個「和事佬」在必要的時候你一定要當，並且一定要當好，這樣不但能將一場爭端化為無形，而且還能讓爭端雙方都能對你心存感激，另眼相看。

生活需要「和事佬」，如果有機會充當這樣的角色確實需要一些心機。有時候，雙方陷入僵局，相持不下，為顧及臉面，誰也不願意示弱，給對方一個臺階。這時「和事佬」就要學會運用高超的功夫「打圓場」了。

「打圓場」近似於捧場，同是圓滑乖巧之為，但它沒有捧場那般肉麻，而且在了解現實矛盾、平息事端的功效上，都比捧場高一籌。「打圓場」運用得好，可以融洽氣氛，消除誤會，平息事端，還有利於應付尷尬，打破僵局，解決問題。凡事都有訣竅，打圓場也有打圓場的學問，歸納起來，有以下幾點：

* **說明真情，引導自省**：當雙方為某件小事爭論不休，各說一套，互不相讓，糾纏不休時，「和事佬」無論對哪一方進行褒貶，都猶如火上澆油，甚至會引火焚身，不利於爭端的平息。因此，「和事佬」此時只能比較客觀的將事情的真相說清楚，而不可加任何評論。當雙方從事實中反省自己的缺點或錯誤後，便會消除誤會。如果再加以引導他們各自多自我檢討，就會使矛盾得到解決，達到團結的目的。

* **岔開話題，轉移注意**：如果屬非原則性的爭論，雙方各執己見，而這場爭論又沒有必要再繼續下去。那麼作為「和事佬」又如何「打圓場」呢？如果力陳己見，理論一番，恐怕不會有效。這時，不妨岔開話題，轉移爭論雙方的注意力。

南齊太祖蕭道成提出要與當時的著名書法家王僧虔比試書法。君臣二人都認真的寫了一幅楷書。然後齊太祖傲然的問王僧虔：「你說說，

誰第一，誰第二？」王僧虔不願貶低自己，但又不敢得罪皇帝，於是答道：「為臣之書法，人臣中第一；陛下之書法，皇帝中第一。」齊太祖聽後，只好一笑了之。王僧虔這種分而論之的回答是相當巧妙的，表面上顧及了皇帝的尊嚴，君臣不能互相比較，實際上是迴避了不願貶抑自己，又不敢得罪皇帝的難題。

* **吸納精華，公正評價**：假如爭論的問題有較大的異議而雙方又都有偏頗，眼看觀點越來越接近，但由於自尊心，雙方又都不肯服輸，那麼「和事佬」應考慮雙方的面子，將雙方見解的精華歸納出來，也將雙方的糟粕整理出來，做出公正評論，闡述較為全面的雙方都能接受的意見。這樣，就把爭論引導到理論的探討、觀點的一致上了。

* **調虎離山，暫熄戰火**：有的爭論，發展下去就成了爭吵，甚至大動干戈，如果雙方火氣正旺，大有劍拔弩張、一觸即發之勢，「和事佬」應當機立斷，藉口有什麼急事（如有人找或有急電），把其中一人調走支開，讓他暫時脫離爭論，等他們消了火氣，頭腦冷靜下來了，爭端也就趨於平息了。

「打圓場」的方法很多，關鍵還在於你的隨機應變和臨場發揮能力，這既是對你口才和智慧的綜合運用，也是你做人有「心機」的一種表現。互不得罪是打圓場一個重要原則，只有站在公平公正的角度上才能得人心。想做一個合格的「和事佬」，就要在言語方面進行不斷的自我提升和修練，唯有如此，才能在用到時，進退有據，遊刃有餘。

以彼之道，還施彼身

　　生活中，有的人傲慢無禮，目中無人，似乎這種人的存在就是為了打擊別人的，當我們面對這種人時，針鋒相對怕是很難避免。當對方的一些話觸到我們的底線時，我們要給予反擊。如果默不作聲，在對方看來是默認的表現，一味的退讓，只會讓對方更加囂張。反唇相譏，此時是最行之有效的辦法。這種說話方式就是我們常說的以彼之道，還施彼身。這種做法雖然有些不禮貌，但卻是無奈而為之。畢竟，每個人都需要尊重，當別人無法給我們尊重時，我們也沒有必要放低姿態，只有回手反擊，才能讓他清楚的了解，不尊重人的代價。

　　春秋時期，楚國一天比一天強大起來，為了改善關係，齊王派晏嬰出使楚國。晏嬰到達楚國，楚王就傳令楚人，盡量羞辱晏嬰。見晏嬰過來了，前來迎接的禮賓官員命令士兵打開城門旁邊的側門。晏嬰站在正門前，士兵用手指了指小門說：「先生，您請進吧！」晏嬰冷蔑的笑了笑說：「這純係狗洞！出使狗國的人，才走狗洞！」楚國官員反被侮了一頓，只好命令士兵把正門敞開。

　　楚王接見了晏嬰，不屑一顧的問：「難道齊國沒有人了嗎？」晏嬰誇張的說：「我的故國齊都，名喚臨淄，說大，確實不大，但是，如果每個人都把袖子甩開，能蓋住太陽！如果每個人揮一把汗水，無異於一場大雨！國都的大路上，人如潮湧，怎能說沒人呢？」

　　楚王又接著冷嘲道：「齊國既然人多勢眾，為什麼選你來出使我國呢？」晏嬰接著楚王的話說道：「是的，誠如大王所說，齊國派出使者，是經過慎重選擇的：水準高的，出使上等國家；水準低下的，出使下等國家。我晏嬰水準不用說了，只好出使到貴國來了。」

　　楚王本想羞辱齊國使者晏嬰，卻反倒被晏嬰所羞辱。其實，當涉及尊嚴問題時，是絕不能讓步的，一味的退讓，不但會讓對方輕視自己，更會為自己以後的發展埋下隱患。

　　生活中有很多人喜歡用居高臨下的姿勢來看待別人，總以為自己高人一等，其實，這是一種無知的表現。對於這種人，只要你抓住了機會，找準部位，以牙還牙、針鋒相對就一定能打敗他們。在現實生活中，反駁他人的不適當言行也可採用一些技巧，下面的故事中給出了答案。

　　有一位女作家寫完了一部長篇小說，發表後引起轟動，一時成為最暢銷的熱門書。有個評論家曾向女作家求婚遭到拒絕，懷恨在心，經常在朋友和記者的面前旁敲側擊的貶低這個女作家的才華。有一次文學界舉行聚會，許多人都對女作家表示祝賀，稱讚其作品的成功。

　　女作家一一表示感謝。忽然，那位評論家分開眾人，擠到前面，大聲向女作家說道：「您這部書的確十分精彩，但不知您能否透露一下祕密。這本書究竟是誰替您寫的？」

　　女作家還陶醉在眾人的讚揚聲中，沒想到他竟會提出這樣的問題，就在她一愣的剎那，已有人偷偷發笑了。女作家立即清醒的估算了形勢，問題以外的爭吵於己不利，她馬上鎮靜下來，露出謙和的笑容，對評論家說道：「您能這樣公正恰當的評價我的作品，我感到十分榮幸，並向您表示由衷的感激！但不知您能否告訴我，這一本書是誰替您讀的？」

　　評論家的問話，用意十分明顯；而女作家的反問，同樣針鋒相對，潛臺詞是說：你從來不認真讀別人的作品，所做的評論無非信口雌黃。連書都不讀的人，有什麼資格做評論！巧妙的反問，使評論家陷入了十分狼狽的境地。

在對人方面，很多人都喜歡保持君子應有的風度和氣量，這是一種好事。但有些人正是利用這一點大做文章，總是認為，無論怎樣對待一個君子，這個君子都不會與之針鋒相對，既然沒有危險，這樣的事多做一些也無妨。對於有這種想法傾向的人，必須給他一個深刻的教訓。讓他知道，嘴下不留德是件非常危險的事情。

在一些具體的環境中，有時會無意間出現一些讓人感到不愉悅的事情，但是如果能夠根據當時的實際情況靈活的運用言語來處理，反而會有神奇的效果，從而達到自己的預期目的。不但為自己挽回顏面，更能達到教訓對方的目的。

有一次，蒲松齡到王大官人家去做客，被眾人推到了上座，但獨眼的管家卻從下席開始斟酒，有意把他冷落在一旁不管。王大官人也想故意作弄他，於是端起酒杯朝他說：「蒲先生，喝呀！」蒲松齡端坐不動，笑著說：「大家先別急著喝酒，我說個笑話替大家助助興。我剛出門，碰到內人正用針縫衣服，就以針為題即興作詩一首，現在唸給大家聽聽：一頭尖一頭扁，扁間只有一隻眼。獨眼只把衣裳認，聽憑主人來使喚。」

大家聽了，一齊朝獨眼管家看去，極力強忍笑意，大聲叫好。這樣一來，反而使王大官人及其管家狼狽不堪。

蒲松齡借用針的形象，尖銳的諷刺了想為難自己的王大官人及其僕人，不但保全了自己的尊嚴，也讓捉弄自己的人「搬起石頭砸了自己的腳」。

在人際互動中，我們要慧眼識人，看清楚交往對象，從而採取不同的應對策略。有些人，你的退讓換來的是對方的得寸進尺，對於這種人，還是採用以彼之道還施彼身更具效果。

幽默是生活的重要調味劑

　　幽默是人際關係的潤滑劑，它能輕鬆創造愉悅的談話氣氛，當情緒低落時，一句幽默的話便可以讓滿天的烏雲散盡。幽默的力量是不可計算的，善於運用幽默的人必是心胸寬廣、個人修養極深的大師。

　　英國首相邱吉爾任國會議員時，有個向來行為囂張的女議員，居然在議席上指著邱吉爾罵道：「假如我是你老婆，一定要在你的咖啡裡下毒！」此話一出，人人屏息。然而邱吉爾則頑皮的說：「假如妳是我老婆，我一定會一飲而盡！」結果，全場哄堂大笑。可見，一個幽默能將一場即將到來的爭吵化於無形。

　　田納西州立大學心理學教授透過對幽默效應的研究發現：幽默能減輕疲勞，振奮精神，使那些從事重複性勞動的人們也能在輕鬆愉快的氣氛中更好的完成工作任務。

　　語言自產生以來，就以表達能力強聞名於世，尤其是漢字表意準確，內涵豐富，這些都為我們施展幽默提供了舞臺。幽默是語言運用的最高境界，很多人都運用幽默成功解決了很多意外的事情。

　　辛亥革命勝利後，孫中山當了臨時大總統。有一次，他身穿便服，到參議院出席一個重要會議。然而，大門前執勤的衛兵，見來人衣著簡單，便攔住他，並厲聲叫道：「今天有重要會議，只有大總統和議員們才能進去，你這個大膽的人要進去做什麼？快走！快走！否則，大總統看見了會動怒，一定會懲罰你的！」

　　孫中山聽罷，不禁笑了，反問道，「你怎麼知道大總統會生氣的？」一邊說著，一邊出示了自己的證件。衛兵一看證件，才知道這個普通著裝的人竟是大總統。驚恐之下，衛兵撲倒在地，連連請罪。

孫中山急忙扶衛兵起身，並幽默的說：「你不要害怕，我不會打你的。」

古今中外，有很多生動有趣的幽默事例，林肯這位優秀的總統，不但是位口才學家，同時，還是一位幽默大師。

林肯步行到城裡去。一輛汽車從他身後開來時，他揚手讓車停下來，對司機說：「能不能替我把這件大衣帶到城裡去？」「當然可以，」司機說，「可我怎樣將大衣交還給你呢？」林肯回答說：「哦，這很簡單，我打算裹在大衣裡頭。」一個幽默成功的解決了眼下的難題。

林肯就任總統以後，許多人來向他要官做。有一天，來自美國各地的20幾個人，帶著不同的介紹信，擠滿了一屋子。過了一會，林肯說：「先生們，我想跟你們講一個故事。是這樣的：從前有個國王想去打獵，就召集王公貴族進行磋商。他問一位大臣會不會下雨，那大臣說不會。於是，大家就出發了。走到半路，他們碰見一個騎著驢子的農夫。農夫說肯定要下雨，勸大家回去。大家鄙夷的朝他笑笑，繼續趕路。然而，沒走多遠，下大雨了。他們被淋得渾身溼透。回到王宮以後，國王立即召見了那個農夫。『告訴我，你怎麼知道要下雨的？』『我不知道，是驢子告訴我的。』『驢子怎麼會告訴你？』國王問道。『豎起牠的耳朵，陛下。』農夫答道。國王買下驢子，封了牠一個官職。」「而在這個問題上，」林肯評論說，「國王犯了一個大錯誤。」「犯什麼錯誤了？」聽的人急著想知道。「哎呀，從那以後，」林肯笑著說：「驢子都想當官了。」

可見，幽默是生活的重要調味劑。沒有了它，人們的生活將會變得猶如一潭死水，沒有任何樂趣可言。我們每個人都可以讓幽默為我們服務，幽默並不是名人的專利，是我們每個人都可以享用的，這是一種對生活充滿希望，趕走心理烏雲的精神，有了它，人們的生活，就會像雨後的彩虹，格外絢爛和美麗。

　　生活中來點幽默，對不公正來點「阿Q」式的嘲諷，不僅能讓你的憤怒找到更好的出口，還會讓笑聲為你帶來更好的人緣。因此，當你感覺到憤怒的時候，不妨幽上一默，讓自己有一個好心情，這是多少金錢都買不到的。

　　幽默還是減輕工作壓力的一種有效方法。著名的伊士曼·柯達公司，在紐約為兩萬名員工建造了一座有四個活動場所的「幽默房」。其中一個是圖書室，內有各種笑話書籍、漫畫書籍以及光碟、錄影帶和錄音帶。一個是能容納200人的會議廳，廳內布置了幽默大師卓別林和諧星的許多劇照。一個是玩具房，裡面有各式各樣宣洩壓力的器具，比如，模擬人的形象的沙袋。一個是高科技房，配備具有幽默功能的各種軟體。這些設施可以幫助員工放鬆精神，增強快樂情緒，減輕工作壓力，深為員工所青睞。

　　因此，人們要注意對幽默感的培養，學會牽動你的嘴角，給自己一個微笑，會發現人生也從此不同！

已過了「童言無忌」的年齡

　　孩提時代的童言童語，雖然有些幼稚，但卻表達出了心聲，這種肆無忌憚的說話方式，在今天看來是值得羨慕的。人的成長是一個矛盾的過程，既希望保持那份獨有的純真，又不得不面對社會的現實。這種矛盾，讓人痛苦卻也讓人真正強大起來。

　　生活中，與人交流就離不開說話。可以說，生活就是一連串的口才發揮的過程。正如美國成功學大師卡內基（Dale Carnegie）所說：「當今社會，一個人的成功，僅僅有15%取決於技術知識，而其餘的85%則取決於口才藝術。」一個人語言運用程度的高度決定了這個人的發展。

現在，我們已經過了「童言無忌」的年齡，在說話時，要注重方式和方法，不能因為說實話而去得罪人，要做到這一點需要很多說話的技巧。

　　有一家公司，請了一個職員，這個小女孩剛進入社會不久，還帶著許多學生時期的個性，同時，也保留著幾分純真，很多實話都是從她嘴裡說出來的，但就是這樣一個人卻受到了大家的排擠，讓我們從下面這件事當中替她分析原因。

　　有一天，公司的一個女同事穿了一件新衣服，其他同事都對其進行稱讚，誇她有眼光，選的衣服合適又漂亮。這個女同事問這個小女孩的時候，小女孩很認真仔細的看了看，然後，直接說：「妳的身材與衣服不配，顏色也不好，太豔顯得過俗。」話一出口，原本一直處在開心狀態的同事，臉色很快變了，不僅這個女同事覺得非常尷尬，還令剛剛大讚衣服不錯的其他同事也感到尷尬。

　　這就是不會說話的表現，真誠固然重要，但也要考慮對方的心理接受能力，一些他人不愛聽的話要盡量少說，畢竟，我們不再是小孩子，小孩子說錯了話，大人們都會說他們「童言無忌」，不跟他們計較。因為小孩子不懂事，很多做人的規矩都不懂，想到什麼便說什麼，不懂得在大腦中加工，也不懂得遮掩，所以實話實說。我們是成年人，成年人說話要有所避諱，不能什麼話都說，一些話別人聽後，也許會記在心裡一輩子，因為一些小事而得罪人，實在不是明智之舉。

　　有一個叫周海的人，上大學兩年了。一次，他遇見了兩年沒見的高中同學，問及近況，同學說，自己還在讀重考的補習班，於是周海聽了，用高音量，怪裡怪氣的笑著說：「你還真有精神，真準備活到老，學到老啊！」一句話，引來了路人的注意，同時，也讓這位同學感到很難堪。推說有事，先走了。後來，周海進行了自我反省，如果當時的語氣能平和一

點，或許就不會讓同學那樣難堪。

　　周海的話，沒有考慮到對方的心理，沒有注意自己的說話方式，讓對方感到自己被嘲笑，自尊心受到傷害，所以對方不願意再理他。一個人說話的語音、語調不同，表達出的意思也不同，同樣的一句話，如果用平和的聲音說出來，聽起來也會很自然；要是提高音量，就有可能帶有諷刺的意味，對方必定不快。

　　在生活中，我們每個人都不是說話的行家，都會出錯，但是有些錯誤是可以避免的。身為成年人，已經失去了「童言無忌」的權利，因此多修練自己說話的本領是十分必要的。善於思考，總結說話的特點，知道該如何說話，是我們現階段最重要的事情。要知道，是否會說話與我們的未來緊密相連。在年齡增長的同時，我們的說話水準也要隨之增長，唯有如此，才能不被日新月異的社會所淘汰。

▎自嘲讓尷尬化於無形

　　生活中糗事隨時都有可能發生，與其時時刻刻繃緊神經讓自己不要出醜，還不如輕鬆一點，化醜為美。心理學家認為，大約有一半以上的疾病是由心理和精神方面引起的。因此，掌握心理平衡對人的健康非常重要。幽默能增強免疫力，有幽默感的人就會有較高的主觀幸福感與樂觀人格。而幽默當中的自嘲，更是語言運用到極致的一種表現。事實證明，自嘲有利於保持心理平衡。

　　適時適度的自嘲，不失為一種良好修養，是充滿魅力的交際技巧。以自嘲為臺階，讓自己和他人都能夠輕鬆下來。自嘲，是宣洩積鬱、製造心理快樂的良方，當然也是反嘲別人的武器。學會自嘲，你就會擁有一個平

穩和健康的心理，一副健康的體魄。自嘲是高品質的潤滑劑，它能讓我們的人際關係在瞬間得到加強和改善。同時，自嘲也是一種自我保護的手段。為了讓事情到此為止，適當的自嘲可以有效制止對方將事態擴大，從而讓事情向著更有利於自己的方向發展。

在某俱樂部舉行的一次招待會上，服務生倒酒時，不慎將啤酒灑到一位賓客那光亮的禿頭上。服務生嚇得手足無措，全場目瞪口呆，這位賓客卻微笑著說：「老弟，你以為這種治療方法會有效嗎？」在場的人聞聲大笑，尷尬局面即刻被打破。這位賓客借助自嘲，既把尷尬化解於無形，又展示了自己寬廣的胸懷，也維護了自我尊嚴。

由此可見，自嘲是對自己的某個缺點猛烈開火從而妙趣橫生，讓人們在笑聲中，不再糾纏剛剛所發生的事情。由此製造出寬鬆和諧的交談氣氛，使自己活得輕鬆灑脫，讓人感到你的可愛和人情味，有時還能有效的維護面子，建立起新的心理平衡。

很多名人都懂得運用自嘲來創造和諧輕鬆的談話氣氛，張大千就是其中的一位。

抗戰勝利後，張大千從上海返回四川老家。他的很多朋友前來為他送行，並特邀梅蘭芳等人作陪。宴會剛開始，大家都讓張大千坐首座，但張大千為人十分謙遜，於是說道：「梅先生是君子，應坐首座，我是小人，應陪末座。」梅蘭芳和眾人都不解其意。張大千解釋說：「不是有句話『君子動口，小人動手』嗎？梅先生唱戲是動口，我作畫是動手，我理該請梅先生坐首座。」滿堂賓客為之大笑，並請他倆並排坐首座。張大千以這種自嘲的方式，既保留了梅蘭芳的面子，又表現了豁達胸懷，創造了臨行前賓主盡歡的和諧氛圍。

在生活中，我們每個人都會遇到這樣那樣的突發事件，有些人面對這

些事件，手足無措，而有的人卻可以在三言兩語間將事情大事化小、小事化無。有的人認為這是運氣，其實不然，運氣當中也蘊含著實力。

有這樣一個故事：有一個主人對著客人誇耀自己的富有：「我家無所不有。」他伸出兩個指頭說：「所缺少的，只有天上的太陽、月亮了。」他還未說完，他家裡的僕人就出來說：「廚房柴火已用完。」這人又伸出了指頭，說：「缺少太陽、月亮和柴火。」這是種自嘲，但同時也是一種機智。

有時，對自己的尷尬和困境的取笑，可以讓我們瀟灑的從尷尬境地中解脫出來，這是一種豁達風度的表現。

在社交中，難免出現你掌握的資訊與對方有出入的情況。這時候，你原本所準備應付的情況便會失效，也許你一下子會陷入交際的窘境，這時，自嘲就是一種自我脫困的好方法。用自我嘲弄的形式，自貶自抑，堵住別人的嘴巴，從而爭取主動的一種舌戰謀略。

自嘲是幽默中的最高境界。自嘲不但需要口才，更需要勇氣，一個勇於自嘲的人，將自己的缺點不足，亮在陽光之下，進行自我調侃，也是一種開闊心境的表現。自嘲可以將大事化小，從而更有效的保護自己，化解尷尬。一個懂得自嘲的人，是一個交際高手，他總能讓各種意外在瞬間得到化解，這樣的人無論走到哪裡都是受歡迎的。

第三章
贏在細節 ── 別讓成功倒在細微處

　　細節是成功的關鍵，看不到細節，或者不把細節當一回事的人，成功也會與之遠離，這種人往往對工作缺乏認真的態度。無法做到真正的享受工作的樂趣，對這種人而言，工作只能用一個累字來形容。人一旦感覺累，便失去了力爭上游的精神，這一點對成功會造成很大的影響。

　　生活中，有一些人十分注意細節，他們明白，成功之路並不好走，要認真走好每一步，對待工作時，這種人往往能將小事做細，注重在做事的細節中找到機會，從而使自己走上成功之路。於是有人總結說：「把細節做到極致就是完美」、「成功離不開細節」。

每天多做一點點

「不積跬步，無以致千里；不積小流，無以成江海。」積少成多，才能達成驚人的進步。這些話一直留在我們心底，讓我們相信只要努力，就會創造奇蹟。事實也證明，能夠成功的人都是由一點一滴累積起來的，每天多做一點點，就可以讓我們離成功更近一步。

有人說環境塑造人，因此有了孟母三遷的故事。但當我們無力改變環境時，我們能做的只有改變自己，讓自己在這個不變的環境下很好的生存和發展。每個人都有潛能，只是很容易被細節所掩蓋，被時間所迷離，被惰性所消磨。每天多做一點點是成功的開始；每天進步一點點，是卓越的開始。所有成功人士都和我們一樣是普通人，唯一的不同，是他們肯為成功付出一切，細節正是其中之一。

一個成功的人明白「成也細節，敗也細節」的道理，因此，他們認真做好每一個細節，對工作表現出非比尋常的熱情，每天多做一點點是他們對自己實現目標的最基本要求。

每天多做一點，不是言語上的自我催眠，而是行動上的真實展現。如果我們能夠真正做到這些，我們就會在工作中脫穎而出。其實做到這些並不難，例如，比主管要求的上班時間早到一些，利用這一點時間把一天的工作整理清楚，這樣不至於讓一天過得混亂。主動的面對工作，不要等著主管追問時才想到工作還沒有做完。如果能遲一點點回家，那麼就利用下班的時間把一天的工作整理一下，看看哪些還沒完成，需不需要加班，今天哪些工作完成得比較理想，哪些做得不夠好，哪些需要改進，然後為自己今天的努力獎勵一下自己。

如果每天都能堅持這樣，那麼會有怎樣的進步呢？時間的累積，會讓

我們發生驚人的進步。不要以為主管整天什麼都看不見，其實主管都是有心人，下面的員工做什麼他都看得清楚明白。不過，這些努力不只是做給主管看的，關鍵是自己從中獲得了經驗的累積，知識的補充，而且還獲得了令人青睞的精神籌碼──責任和忠誠，這一定會增加一個人的分量，使其成為一個優秀的人。

「每天多做一點點」可以運用到所有的領域。實際上，它是使我們走向成功的普遍規律。例如在足球隊中會發現，那些多做了一點努力，多練習了一會的年輕人成了球星，他們在贏得比賽中發揮了關鍵性的作用。他們得到了球迷的支持和教練的青睞。而所有這些只是因為他們比隊友多做了那麼一點點。

在商業界，在藝術界，在體育界，在所有的領域，那些最知名的、最出類拔萃的人與其他人的區別在哪裡呢？

答案就是多努力、多勤奮那麼一點點。「每天多做一點點」──誰能使自己多努力一點，誰就能得到百倍的回報。

我們沒有義務做自己職責範圍以外的事，但是我們也可以選擇自願去做，這樣可以鞭策自己快速前進。率先主動是極其珍貴的，它能使人變得更加敏捷，更加積極。無論你是管理者，還是普通職員，「每天多做一點點」的工作態度能使我們從競爭中脫穎而出。我們的老闆、委託人和顧客會給予我們更多的關注、信賴，從而給我們更多的機會。

每天多做一點工作也許會占用一些個人的時間，但是，這樣的行為會使我們贏得良好的聲譽，並增加他人的信任和需求。

卡洛斯先生最初為杜蘭特工作時，職務很低，現在已成為杜蘭特先生的左右手，擔任其下屬一家公司的總裁。他之所以能如此快速的升遷，祕密就在於「每天多做一點點」。

第三章 贏在細節─別讓成功倒在細微處

他說：「50 年前，我開始踏入社會謀生，在一家五金店找到了一份工作，每年才賺 75 美元。有一天，一位顧客買了一大批貨物，有鏟子、鉗子、馬鞍、盤子、水桶、籮筐等等。這位顧客過幾天就要結婚了，提前購買一些生活和工作用具是當地的一種習俗。貨物堆放在獨輪車上，裝了滿滿一車，騾子拉起來也有些吃力。送貨並非我的職責，而完全是出於自願 —— 我為自己能運送如此沉重的貨物而感到自豪。剛開始一切都很順利，但是，車輪一不小心陷進了一個不深不淺的泥潭裡，使盡所有的力氣都推不動。一位心地善良的商人駕著馬車路過，用他的馬拖起我的獨輪車和貨物，並且幫我將貨物送到顧客家裡。在向顧客交付貨物時，我仔細清點貨物的數量，一直到很晚才推著空車艱難的返回商店。我為自己的所作所為感到高興，但是，老闆卻並沒有因我的額外工作而稱讚我。

第二天，那位商人將我叫去，告訴我說，他發現我工作十分努力，很有熱情，尤其注意到我卸貨時清點物品數量的細心和專注。因此，他願意提供給我一個年薪 500 美元的職位。我接受了這份工作，並且從此走上了致富之路。」

有幾十種甚至更多的理由可以解釋，我們為什麼應該養成「每天多做一點點」的好習慣 —— 儘管事實上很少有人這樣做。在諸多因素中，其中兩個原因是最主要的。

第一，在建立了「每天多做一點點」的好習慣之後，與四周那些尚未養成這種習慣的人相比，我們已經具有了優勢。這種習慣無論從事什麼行業，都會有更多的人指名道姓的要我們為其服務。

第二，如果我們希望將自己的雙臂鍛鍊得更強壯，唯一的途徑就是利用它來做最艱苦的工作。相反，如果長期不使用我們的雙臂，讓它養尊處優，其結果就是使它變得更虛弱甚至萎縮。

如果身處困境而努力打拚就能夠產生強大的力量，這是人生永恆不變的法則。如果我們能比分內的工作多做一點點，那麼，不僅能彰顯自己勤奮的美德，而且還能發展一種超凡的技巧與能力，使自己具有更強大的生存力量，從而擺脫困境。

社會在發展，公司在成長，個人的職責範圍也隨之擴大。不要總是以「這不是我分內的工作」為由來逃避責任。也許外來的責任會讓我們感受到壓力，但這種壓力也有可能成為我們事業的轉機，當額外的工作分配到我們頭上時，不妨視之為一種機會，認真對待，用每天多做一點點的思維來進行自我要求，長時間的堅持，會讓我們完成自我蛻變，最終化繭成蝶。記住：不放過每天多做一點點的細節，我們就能在這樣的細節中創造出屬於自己的未來。

▌禍患常積於忽微

細節有多大的力量，沒有感受過的人是沒有辦法說清楚的。禍患常積於忽微，一些看似不影響大局的事情，卻因長期的累積，而產生改變事情發展的重要作用。「冰凍三尺非一日之寒」這個道理人人都懂，但落實到具體問題的時候，對於一些細微的事情，麻痹大意是常出現的問題，「勿以惡小而為之，勿以善小而不為」，從細節入手，才能避免禍患的產生。

任何事情都是由小及大的，小是小非也要引起足夠的重視。從古至今，因小是小非而引發的大事情，並不在少數。這種慘痛的歷史教訓我們要牢記。比如清末的鴉片流行，當時，有遠見的林則徐上奏主張嚴禁鴉片，但卻遭到頑固派的中傷阻撓，就是因清政府忽略這樣一個小的細節，最終引發了鴉片戰爭，致使戰後鴉片更流毒於天下，危害甚鉅。當時，清

政府處在「中原幾無可以禦敵之兵，且無可以充餉之銀」。結果是喪權辱國的不平等條約一個又一個的強加在百姓的頭上。這就是由小小的鴉片引起的，如果在剛開始就能夠引起足夠的重視，那麼，事情的發展軌跡也許就會改變。我們讀歷史，不但要知道事件本身，還要透過事件看背後的一些事情，唯有如此，才能避免歷史重演。

後唐時期，有個名叫馮道的人奉命出使中山，途經險地時，他唯恐馬失前蹄，墜入山澗，時時小心翼翼，不敢放鬆韁繩，因此化險為夷。可是，等到了平地後，他便放鬆了警惕，信馬由韁，任其馳驅，結果從馬背上摔下來，受了傷。由這樣一件事，他悟出了「禍患常積於忽微」的道理。同樣的，這個故事也告訴我們，即使在風平浪靜時，我們也要注意身邊的變化，大意的結果，只會讓自己不斷的摔跤。

也許，這些事件離我們的生活太過遙遠，因而會被很多人視為意外，無法帶給我們真正的震撼，引起我們的注意。這是人之常情，也是很多人無法改正的缺點。不要以為事件離我們遠，我們便可以高枕無憂。殊不知，日常生活中，同樣是禍患常積於忽微。從細微處發現問題，才能在根本上解決問題。比如，在用餐時，要對環境衛生格外關注，尤其是夏天，蚊蠅增多，若不慎吃了蚊蠅爬過的飯菜就可能導致腸胃感染之類的疾病；在平時的生活中，有些小孩挑食，這是一種正常現象，但卻可能導致小孩身體營養失衡，引發各種疾病。這些生活中的小細節，如果不能引起重視，將會為大疾病的產生創造條件。因此，注重細節與我們每個人都息息相關，從細節入手，才能讓我們的人生變得更加美好。

從古至今，有很多細節導致最終失敗的事實，〈伶官傳序〉中也有這樣的描寫，它寫的是五代後唐莊宗先盛後衰的故事。莊宗李存勗為實現其父親「晉王三矢」遺願，夙興夜寐，枕戈待旦，浴血疆場，獲得了「係

燕父子以組，函梁君臣之首」的重大勝利，建立了後唐政權。然而，等到「仇敵已滅，天下已定」時候，李存勗則逸於安居，無憂勞之心，且「常身與俳優雜戲於廷」，結果落得一個「身死國滅，為天下笑」的下場。歐陽修透過活生生的莊宗李存勗的興亡史，深刻明示了「禍患常積於忽微」的道理，提醒人們要善於吸取歷史教訓，注意細微之處，保持一個清醒的頭腦。牢記「憂勞可以興國，逸豫可以亡身」的道理，常懷律己之心，常思貪欲之害。「忽微」竟能導致禍患的降臨，這似乎有些不可思議，然而這是被時間證明了的一個無可辯駁的客觀規律。

有句話說「大堤潰於蟻穴」，懂得了這個道理後，引起警覺是很重要的。兩千多年前的老子曾說過：「禍兮福之所倚，福兮禍之所伏。」這話說明了福禍的辯證關係。居安不能思危，就會忽微，就會出現禍患。不斷找出自身的弱點和差距，努力克服它們、改正它們，把一切禍患都消滅於搖籃之中。

細節錯誤能夠引起大危機，如果不剷除一個小錯誤，那麼錯誤就會演變成大錯誤，以致更大的錯誤。因此，為了避免危機的發生，我們不能忽略微小的細節錯誤。銘記「禍患常積於忽微」，將會為我們的生活和事業敲響警鐘。

成大事須注重細節

細節決定成敗，早已是不爭的事實，在這一事實的前提下，好好的注意細節，可以幫助我們儘早發現問題並處理。古今中外，凡成大事者，不但要在大方向上正確，還要在細節方面下功夫，他們明白忽略細節的結果，就是功敗垂成。

第三章　贏在細節—別讓成功倒在細微處

「把每一件簡單的事都做好，就是不簡單。」這是一個人的態度問題，而要讓這個問題有個圓滿的答案，細節在其中發揮著至關重要的作用。在工作中，沒有任何一件事情，小到可以被拋棄，沒有任何一個細節，細到應該被忽略。大事是由眾多的小事累積而成的，忽略了小事就難成大事。從小事開始，逐漸鍛鍊意志，增長智慧，日後才能做大事，而眼高手低者，是永遠做不成大事的。

現實生活中，有無數人因為養成了輕視工作、馬馬虎虎、對工作不盡職盡責的習慣，以及敷衍了事的態度，終致一生不能出人頭地。這也許是我們一生最大的遺憾，很多人為此後悔，但時間是無情的，過去了，就無法再回頭。面對這樣的遺憾，我們不要灰心，只要生命還在，一切都還不晚。從現在開始，從細節入手，為完成人生的宏偉目標不斷添磚加瓦。

在某大型機構的一座雄偉的建築物上，有句很讓人感動的格言：「在此，一切都追求盡善盡美。」如果每個人都能履行這個格言，做任何事情，都竭盡全力，以求得盡善盡美的結果，那人類社會不知要進步多少！

一個人養成敷衍了事的惡習後，做起事來往往就會不誠實。這樣，人們最終必定會輕視他的工作能力，輕視他的人品。粗劣的工作，必會帶來粗劣的生活。工作是人們生活的一部分，做粗劣的工作，不但使工作的效率降低，而且還會使人喪失做事的才能和動力。所以，粗劣的工作，實際是摧毀理想、墮落生活、阻礙前進的仇敵。實現成功的唯一方法，就是在做事的時候，抱著非做成不可的決心，抱著追求盡善盡美的態度。而在世界上創立新理想、新標準，扛著進步的大旗、為人類創造幸福的人，都是具有這種性格的人。

有人曾經說過：「輕率和疏忽所造成的禍患是不相上下的。」許多人之所以失敗，就是敗在做事不夠盡責、過於輕率這一點上。這些人對於自

己所做的工作從來不會要求盡善盡美。

　　有許多的年輕人，似乎不知道職位的晉升是建立在忠實履行日常工作職責的基礎上的。只有目前所做的職業，才能使他們漸漸的獲得價值的提升。也有很多人在尋找發揮自己本領的機會。他們常這樣問自己：「做這種乏味平凡的工作，有什麼希望呢？」可是，就是在這極其平凡的職業和極其低微的位置上，往往藏著極大的機會。只要把自己的工作，做得比別人更完美、更迅速、更正確、更專注，激發自己全部的智力，從工作中找出新方法來，就能引起別人的注意，從而使自己有發揮本領的機會，滿足心中的願望。所以，不論薪水有多微薄，都不可以輕視和鄙棄自己目前的工作。在做完一件工作以後，應該這樣說：「我願意做這份工作，我已竭盡全力、盡我所能來做這份工作，我更願意聽取大家對我工作的批評。」注重每一個細節，才能獲得更多的機會，成大事者均是如此。

　　成就最好的工作，需要經過充分的準備，並付諸最大的努力。英國的著名小說家狄更斯（Charles Dickens），在沒有完全準備好要選讀的資料之前，絕不輕易在聽眾面前誦讀。他的規矩是每日把準備好的資料讀一遍，直到六個月以後讀給大眾聽。法國著名小說家巴爾札克（Honoré de Balzac）有時為了寫一頁小說，會花上一星期的時間。

　　大事件是可遇而不可求的，小事情卻每天都在發生。但每天都能順利、妥當而又快樂的去處理一件小事，卻是十分困難的。如果一輩子都無怨無悔，那麼成功就會出現在眼前。要知道，任何大事都是由一件件小事組成的，完成了小事的部分，大事自然也會完美落幕。

　　任何事情都不可能一步到位，成就大事也須注意細節，只有做好每一個細節，才能將大事處理得完美，也唯有善於捕捉細節的人，才能在大事面前，表現得沉著冷靜，處理起來得心應手。

▌注意細節，一點想法改變一生

老子曾說：「天下難事，必做於易；天下大事，必做於細。」他精闢的指出了想成就一番事業，必須從簡單的事情做起，從細微之處入手。有些時候，一個在很多人看來有點不切實際的想法，就有可能成為我們人生的轉捩點，讓我們的人生發生根本性的轉變。

生活中經常聽到有人在抱怨自己機會太少，時運不佳，認為這是命運在與自己作對，是上天讓自己與成功無緣。在這些人自憐的同時，也經常看到有人一味的祈求和等待，祈求時來運轉，等待機會幸臨。那麼，機會真是一種稀有之物嗎？機會就那麼可遇而不可求嗎？事實並非如此。機會，是需要我們具有敏銳而獨特的眼光，才能在它走過時，發現並抓住。

努力是成功的階梯，這是毋庸置疑的。這個社會上許許多多的人做事都非常努力，但可惜的是大部分人只會跟風，沒有自己的創意和主見，到頭來也只能做別人的副手和跟班。沒有主見的努力是盲目的，裡面的機會少之又少。真正高明的人會從平常之處看出潛藏的機會，在平凡中看出不平凡，這才是聰明人做事的一貫風格。所以，你要想突破現狀就先要思考：「我想做什麼事？」或是「我想成為什麼樣的人？」有了這種強烈的目標意識，你才會集中精力，並結合過去累積的知識和經驗，在有意或無意中使你所關心的事情有所突破。注意細節，才能產生與眾不同的想法。

哈姆威是西班牙的一個製作點心的小攤販。在狂熱的移民潮中，他也懷著掘金的心態來到了美國。但美國並非他想像中的遍地是金，他的糕點在西班牙出售和在美國出售，根本沒有多大的區別。

1904 年夏天，哈姆威知道美國即將舉行世界博覽會，他把自己的工作器具搬到了會場地點路易斯安那州。值得慶幸的是，政府允許他在會場

的外面出售他的薄餅。他的薄餅生意實在糟糕，而和他相鄰的一位賣冰淇淋的攤販生意卻很好，一下子就售出了許多冰淇淋，很快就把帶來的用來裝冰淇淋的小碟子用完了。

心胸寬廣的哈姆威見狀，就把自己的薄餅捲成錐形，讓他盛放冰淇淋。賣冰淇淋的攤販見這個方法可行，便買了哈姆威的薄餅，大量的錐形冰淇淋便進入顧客們的手中。但令哈姆威意想不到的是，這種錐形的冰淇淋被顧客們看好，而且被評為世界博覽會的真正明星。

從此，這種錐形冰淇淋開始大行於市，逐漸演變成了現在的蛋捲冰淇淋。它的發明被人們稱為「神來之筆」。有人這樣假設：如果當初兩個攤販不靠在一起，那麼今天我們能不能吃上蛋捲冰淇淋也很難說。因此，在細節中發現機會，有些時候，一點想法，就能改變我們的一生。

在現在知名的食物中，洋芋片的發明也是這樣的「神來之筆」。美國人克魯姆是餐廳中的廚師，有一天來了幾個法國客人，他們嫌他製作出來的油炸食物太厚太硬。克魯姆知道後很生氣，他隨手拿過一顆馬鈴薯，切成很薄的片狀，扔到了油鍋裡，起鍋後就送到了法國客人的桌子上。誰知客人一吃，大呼好吃。從此這種洋芋片風行開來，最後成為許多人喜愛的食品。

這些細節看起來微不足道，但是我們能肯定這些細節裡沒有隱藏著成功的因素嗎？因此注意細節而得到成功的事情都被記錄了下來，而那些因為不注意細節的例子卻不為人所知，所以，能成功的時機是很多的，只要我們不放過任何細節，成功就會在下一站等我們。一個想法值多少錢，這在以前是不可思議的問題，提出這種問題會被人們貼上「白痴」的標籤，但現在人們將這種想法比喻為「金點子」，也就是說，一個能夠點石成金的想法。這種比喻已從另一個角度詮釋了「一點想法」為人們的生活和世界所帶來的能量。

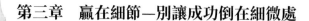

　　注意細節，就可以發現這種「金點子」。細節之所以重要，在於細節往往決定了事物發展的方向，歐美社會普遍流行這樣一個觀點：「態度決定行為，行為決定習慣，習慣決定性格，性格決定命運。」自然辯證法也提到事物的變化總會經歷積少成多，量變引起質變的過程。所以古往今來，凡成其事者，必定注重細節。

　　在伽利略之前，人們都理所當然的認定物體落下的速度與物體的質量成正比，然而當兩個大小不同的鐵球從比薩斜塔上同時落下時，砸破的不僅是偽科學的外殼，還有那禁錮人們思想的教義。於是重力加速度很快得以證實，科學的步伐向前大大邁進。當一個蘋果不偏不倚的落到牛頓頭上時，這位科學巨人並非抱怨上帝的不公，也未將那個蘋果啃個精光，而是從這一普遍現象中推想出萬有引力定律。蒸汽推動鍋蓋再常見不過，可是瓦特卻抓住這一細節，不斷的思考、創造，製成了第一臺蒸汽機，終於引來了人類的第一次工業革命。電能生磁，磁也能生電，法拉第抓住這一細節，製成第一臺馬達。就是這樣的一些細節，一點想法，讓整個人類世界都發生了根本的變化。以上任何一例都充分的說明重視細節，便會通向成功。

　　一點想法，改變一生並不是虛構，而是經過無數人證實過的真理。從現在開始，注意細節，讓一點想法成為我們改變命運的推手。

大處著眼，小處著手

認真觀察我們會發現，那些成功者及偉人都是注意細節的人，注意細節，方可成就大事。任何不屑處理小事之人，在大事面前必然會表現得方寸大亂。以往的經驗告訴我們，成功者都是大處著眼，小處著手。正是那些不起眼的一點一滴讓成功之花悄然綻放。

任何人都不可否認的一個事實就是：最偉大的事物往往是由最小的事物點點滴滴匯集而成的。絕大多數人很少能有機會遇到那些可以讓人生發生重大的轉折的事件。同樣，也很少有機會能夠一下子開創宏偉的事業。生活往往是由無數瑣碎的事情、無足輕重的事件以及那些過後所留下一絲痕跡的細微經驗漸漸匯集成的，也正是它們才構成了生命的全部內涵。

那些看似微不足道的事情，其中都蘊藏著龐大的價值，而天才與凡人的最大區別往往表現在如何處理這些微不足道的小事上。

在 2000 年的國際足球賽上，A 國隊殺進四強，半決賽 A 國與 B 國隊相遇。賽前許多隊員都表示：我們不怕 B 國。比賽時教練的戰術安排沒什麼錯誤，A 國隊員們也拚勁十足，但最終還是以 2：3 輸掉了這場比賽。應該說，A 國隊較以往有進步，場面也不難看，但 B 國隊明顯技高一籌，尤其下半場完全控制了場上的主動權，基本上在壓著 A 國隊打。

我們這裡不是在評球，而是要說 A 國評論員所說的兩段話：「要說速度和身體條件，B 國隊好像不如我們，他們前鋒速度並沒有我們快。可在全場的節奏上，卻好像每個 B 國隊員都能比我們快兩步，這樣整個 B 國隊就比 A 國隊快了兩步……」

「A 國隊引進外援時多引進前鋒，能進球，見效快，B 國隊職業聯賽中引進的卻是一些寶刀已老的中場大牌明星。這些球星年齡大了，也不可

能多進球，但卻為 B 國隊員帶來良好的戰術意識、先進的足球理念、一流的中場組織……」

　　對一件小事的忽略往往會對大局造成影響，快兩步似乎不算什麼，但卻決定了比賽的走向；年老的隊員不能進球，但卻帶來了比進球更重要的意識和理念。做事情從大處著眼，不要只考慮眼前的利益，在具體工作時，不要放過任何一個細節，只有這樣，才能與成功牽手。

　　我們再來看經濟學家的一段話：「對於一般人來講，不用打氣的自行車輪胎，不用換的電燈泡，不滴漏水的水龍頭等等，幾乎是不可想像的，我們已經習慣了各式各樣的低品質日常用品，並在更換、修補中耗去大量的時間、精力。而在美國，這已是一個基本的品質標準和要求……」

　　B 國足球隊也好，美國日用品也罷，能為我們帶來一種什麼樣的啟示呢？那就是：許多時候，我們會有很好的目標和方法，也會去努力學習先進者、成功者的經驗、技術，但往往只是大處著眼，而忽略了細節之處，把一些最基本的東西置於腦後，而去貿然建築美麗的空中樓閣。

　　B 國隊員如果單獨出來與 A 國的隊員拚體能，也許不是 A 國的對手，可人家在場上每時、每刻、每個人都始終比另一隊多跑兩步、快了兩步；球隊都在學習世界強隊的技術、戰術，可 B 國隊除了這些宏觀的東西，每個人的腳法都細膩了許多；美國等世界科技強國在高科技領域絕不含糊，但在低階產品上也絕對是一流水準。說白了，就是每個職位、每道工藝、每個環節上的人都兢兢業業的做好自己的事，無論高科技、低科技，無論是否是重要工程、大型專案，認真、敬業已是一種骨子裡的習慣，每一道細流匯聚起來，就聚成一股領先的潮流。從大處著眼當然很重要，但在過程中如果忽略細節，忘記小處著手的重要性，就會讓我們始終跟在別人的後面，無法超越。

有句諺語說得好：「使你疲倦的不是腳下的長路，而是鞋中的一顆沙粒。」小處著手就是這粒沙，只要我們注意到了，並能夠好好處理，那麼我們的腳步就會輕盈許多。只要我們能夠看到細節，並將其重視起來，便可打造成功的奇蹟。

掌握形勢的細微變化

能夠把事業做大的人，並不是用了什麼特殊方式，在別人的眼中，這種人好像有三頭六臂，其實他們也是凡夫俗子。而他們之所以能成功，只不過是善於掌握住形勢的細微變化，及時調整方向，改變自己的經營策略而已。

「小霸王」學習機很有名氣，但很少有人知道它的前身卻是單純的遊樂器。而它的誕生其實是源於一場危機和挑戰，最令人嘆服的就在於其經營者緊緊抓住這一契機，趨利避害，把挑戰轉化為機會，把機會轉化為現實生產力，利用新產品創造新需求，整個過程都閃爍著經營者的經營智慧，從細微之處發現商機，並以此為契機，發展並壯大起來。

「小霸王」工廠的前身是一家電子廠，1989 年由段永平接手，由生產大型遊樂器轉向生產家用電視遊樂器，由於經營有方，工廠很快進入了高速發展的軌道。他替遊樂器命名「小霸王」，創出了一個響噹噹的品牌。

透過四年的發展，到了 1993 年，段永平和「小霸王」遊樂器已經小有名氣了，但這時他面臨著一次嚴峻的挑戰。段永平注意到，媒體開始零星的出現遊樂器對青少年兒童有副作用的評述：容易上癮，長時間精力集中造成視力減弱……在這種形勢下，有的家長開始投書到媒體訴苦，說自己的孩子因為沉溺於玩遊樂器而學習成績下降……

第三章　贏在細節—別讓成功倒在細微處

俗話說：「人無遠慮，必有近憂。」這個市場回饋資訊引起了段永平的警覺，引發了他的思考。最後他決定，為了好好的生存，產品必須趨利避害，必須推出一種新產品來滿足消費者的需求。

如果等下去，就會出現被動的局面。段永平立即從各地招募來數百名電子機械、電腦專業人才，成立產品開發部，加班趕工研製新產品。1993年5月，第一臺小霸王學習機問世了。

這次改進的學習機原理與遊樂器是一樣的，只增加了一個電腦鍵盤和一個電腦學習卡。「小霸王」當年僅花了20萬元就買下了一款漢字輸入法，裝在新學習機上，從而增添了新的亮點，學習功能更加突出。

經過真正徹底改進的「小霸王」改頭換面了。學習機擁有了更多的功能：鍵盤練習、打字遊戲、音樂欣賞、中英文編輯、BASIC程式語言，這樣家長們的後顧之憂被解除了。小霸王學習機有一個響亮的口號：「包你三天會打字」。這一口號吸引了很多人。有時候，生活中的壞事也會變成好事。就在小霸王學習機投入市場時，正趕上大眾學電腦的熱潮，從而使它走出了一條超常規發展的道路：1993年產值達到2億元，1994年產值4億元，1995年產值達到8億元，產值的成倍增長令人叫奇。

如果段永平是一個因循守舊的人，不為市場回饋的資訊所動，固守遊樂器不動，不會變通，恐怕早已被市場淘汰出局了。一場挑戰變成一個機會，一個機會變成一種強大的生產力，關鍵在於經營者能夠掌握市場上細微的變化，主動出擊，瞄準需求開發了新產品，以新產品創造新需求。從細節中看清未來，才能真正擁有未來。

做人不能忽略小事

做人不應忽略小事，小事能夠展現一個人的做人原則。畢竟在人的一生中，需要自己表現原則的關鍵時刻並不多。做人做得怎麼樣是可以從平時的小事上看出來的，那些平時在小事上就撒謊成性、推三阻四的人怎麼能指望他在關鍵的時刻表現出很高的原則性來呢？

很多人在找工作時，十分注意自己的個人形象，他們穿戴整齊，舉止彬彬有禮。但是，很多人卻會屢次碰壁，這是為什麼呢？因為他們忽略了個人形象中的細節。

現在許多人求職時用手寫的履歷，但字跡潦草，像「天書」一樣令人看不懂。這會讓公司認為你是一個不嚴謹的人，工作起來也有可能馬馬虎虎，所以只好放棄。而許多企業在招募時，也把手寫履歷的字跡是否工整、清晰、漂亮，作為篩選人才的第一步。

此外，在面試時還要注意自己的言談舉止，不要過於賣弄才學，以免表現得與自己的身分顯得很不相稱，令人不敢恭維。

劉強與公司約好 14：05 面試的，可他直至 14：12 才到。櫃檯小姐把他帶去面試時，面試的經理還沒問什麼呢，他就開始解釋說路上塞車塞了好長時間，真沒辦法。面試剛開始三分鐘，動聽的手機音樂響起來了，劉強習慣性的接聽了電話，像是旁若無人。只聽他說「這件事不是跟您說多少次了嗎？你直接問總經理就行了……」談到一個專業問題時，面試官問這樣做法可行嗎？劉強答曰：這樣做肯定沒問題的，這方面我有十幾年工作經驗了。結果，雖然對方對於他的業務能力表示認可，但因其不注重細節，誰敢邀請他加入？

企業在用人時，特別注重求職者的行為細節。一個不注重細節的人，

即使很有專業能力，指望他以後能為企業帶來多大的價值也是很難的事。說不定，還會因一件小事讓公司大受損失呢！

　　一個注意細節的人，更容易獲得機會，讓個人的事業快速發展起來。

　　一個大學畢業生去大城市想靠工作闖出一番事業來。但很不幸，一下火車，他的錢包就被偷了，錢和身分證都沒了。在受凍挨餓了兩天後，他決定開始翻找垃圾 —— 雖然受白眼，但至少能解決吃飯問題。一天，他正低頭翻找垃圾時，忽然覺得背後有人注視自己。回頭一看，發現有個中年人正站在他背後。中年人拿出一張名片說：「這家公司正在徵才，你可以去試試。」

　　那是一個很熱鬧的場面 —— 五、六十個人同在一個大廳裡，其中有很多人都西裝革履，他有點自慚形穢，想離開，但最終還是等在了那裡。當他一遞上名片，小姐就伸出手來：「恭喜你，你已經被錄取了。這是我們總經理的名片，他曾吩咐，有個年輕人會拿著名片來應徵，只要他來了，就成為我們公司的一員！」就這樣，沒有經過任何面試，他進入了這家公司。後來，由於個人努力，他成為了副總經理。「你為什麼會選擇我？」閒聊時他都會問總經理這個問題。「因為我會看相，知道你是棟梁之材。」每次，總經理都神祕兮兮的一笑。

　　又過了兩、三年，公司業務越做越大，總經理要去新的城市進行投資。臨走時，將這個城市的所有業務都委託給了他。送行那天，他和總經理在貴賓候機室面對面坐著。

　　「你肯定一直都很想知道，我為什麼會選擇你。那次我偶然看見你在翻找垃圾，就觀察了你很久，你每次都把有用的東西撿出來，將剩下的垃圾整理好再放回垃圾箱。

　　「當時我想，如果一個人在這樣不利的環境下還能夠注意到這種細

節，那麼無論他是什麼學歷、什麼背景，我都應該給他一個機會。而且，連這種小事都可以做到一絲不苟的人，不可能不成功。」

由此可見，細節可以使人失去一份觸手可及的工作，也可以使人獲得一份連自己都不敢奢求的工作。所以，面試時，應徵者要注重自己的一言一行，不要讓細節毀了你的前程。

應徵是這樣，平時為人處世也應如此。在生活中，我們常看到有些人手裡拿著錢包卻還在到處找錢包，這種人我們一般用馬虎來形容，但其實，這就是一種不注重細節的表現。這僅僅是生活中的一個縮影，因此，注重細節，要從點滴做起，認真對待生活的人，才會認真對待人生，不忽略小事，方能成就大事。

改變一生從細節開始

生活中的每個細節，都可以定格為一個精彩的瞬間。做人做事，從大處著眼，從細微處入手。一個細節就有可能改變一個人的一生，注重細節的力量，才能更好的將自身的能量釋放。

那是一個陰雨綿綿的日子，35 歲的克勞斯西裝革履，提著公事包，準備外出求職。可是在吃早餐的時候，他突然從報紙夾縫裡發現了一則「知名企業招聘經營管理職員」的廣告……

克勞斯準時赴約，銀行總經理接待了他。克勞斯一看滿臉嚴肅的總經理，心裡就忐忑不安。但是他盡力保持鎮靜，詳盡的回答總經理的提問。

總經理問：「先生，你能從工作的實際經驗出發，向我描述一下公司的未來嗎？」

克勞斯回答說：「總經理，我認為公司的發展應該是秩序化的管理，

而不是什麼關於未來的誇誇其談。」

總經理問：「為什麼這樣說呢？」

「因為我到您這裡的時候，已經看到了公司的現狀了。」

這時，外面突然傳來警車鳴笛的聲音，但是克勞斯似乎什麼也沒有聽見，仍在認真闡述自己的觀點……

總經理說：「你是到本公司面試的第 109 人，其中有 84 人與你的觀點相近。」總經理的話意味著什麼，明眼人一聽就知道了。克勞斯心裡很難受，不過他還是很禮貌的起身告辭。

他到門口的時候，突然發現有一根釘子掉在那裡，也沒有多想，他就把釘子撿了起來放在自己的口袋裡，慢慢的向門外走。

這時，總經理突然在後面喊道：「先生，我能繼續和您談談嗎？」克勞斯非常驚訝，禮貌的問：「先生，我不是沒有希望了嗎？」

總經理笑著說：「先生，在面試的 109 人中，只有你一個人是那樣回答問題的。重要的是你剛才撿釘子的動作，實在讓我震驚。要知道，有多少面試的人都踢開了這根釘子，唯有你看到了這根釘子並拾起，這證明你非常務實，我決定錄用你！」

聽完這話，克勞斯點點頭，表示同意。事實證明，克勞斯到了公司之後，腳踏實地，做出了卓越的成就，最終成為公司的總裁。

克勞斯之所以在最後的時刻能夠成功，就是因為他注重細節，一根小小的釘子表現了他一貫的「從細微處入手」的精神，正是這種精神，讓招聘者明白，這是一個認真務實的人。

這個動作很偶然，但很精彩。正是這根細小的釘子才使克勞斯獲得了人生的成功。看來，生活中的每一個細節，都可以創造無盡的輝煌，如果你去注意這些細節，就很有可能會有一番成就。

有的時候，人生的轉變是簡單的，也許只是一步的距離，我們就可以改變自己的人生。但很多人卻倒在了這一步上，一個小小的細節，就可以看出一個人的本質，因此，從細節入手，鼓起勇氣，命運便會就此轉變。

▌細微處方見真功夫

　　世上無小事，許多所謂的小事其實是在為你打基礎，沒有打好的地基，又怎樣蓋起堅固的大廈呢？空中樓閣雖然美麗，但卻無法長久，做人只有腳踏實地，注重細節，才能一步步登上人生中的聖母峰。

　　老子曾說：「天下難事，必做於易；天下大事，必做於細。」這句話指出了想成就一番事業，必須從簡單的小事情做起，從每一個細節入手。

　　明朝萬曆年間，北方的女真族為患。皇帝為了抗禦強敵，一心整修萬里長城。當時號稱天下第一關的山海關因年久失修，其中「天下第一關」的題字中的「一」字已經脫落多時。萬曆皇帝募集各地書法名家，希望恢復山海關的本來面貌。各地名士聞訊，紛紛上前揮毫，但是沒有一個人的字能夠表達出天下第一關的原味。皇帝於是再次下詔，只要能夠雀屏中選的，就能夠獲得重賞。經過層層的篩選，最後選中的，竟是山海關旁一家客棧的店小二，真是讓人大跌眼鏡。

　　在題字當天，會場被擠得水洩不通，官家也早就備妥了筆墨紙硯，等候店小二前來揮毫。只見店小二抬頭看著山海關的牌樓，捨棄狼毫大筆不用，拿起一塊抹布往硯臺裡一蘸，大喝一聲：「一！」乾淨俐落，立刻出現絕妙的「一」字。旁觀者莫不給予驚嘆的掌聲。有人好奇的問他：「為何能夠如此嫻熟？」他被問之後，久久無法回答。後來勉強答道：「其實，我想不出有什麼祕訣，我只是在這裡當了30多年的店小二，每當我

在擦桌子時，我就望著牌樓上的『一』字，一揮一擦，就這樣而已。」

　　原來這位店小二，他的工作地點正好面對山海關的城門，每當他彎下腰，拿起抹布清理桌上的油汙之際，剛好這個視角正對準「天下第一關」的「一」字。因此，他不由自主的天天看、天天擦，數十年如一日，久而久之，就熟能生巧、巧而精通，這就是他能夠把這個「一」字臨摹到爐火純青、唯妙唯肖的原因。

　　老子還說：「治大國若烹小鮮。」老子將治理國家比作烹調小魚一樣，只有將調料放得適中，文火烹煮，不著急，不躁動，這樣煮出的東西，才色鮮味美；如火候不對，調料不對，內心煩躁，下鍋後急於翻動，最後煮出的東西就會「一團糟」，色、香、味就更談不上了。可見，細微之處方見真功夫，是很有道理的。

　　宋代的米芾是個大畫家，專愛收集古畫，甚至到了不擇手段的地步。他在汴梁城閒逛時，只要發現有人在賣古畫，總會立即上前細細觀賞，有時還會要求賣畫者把畫讓他帶回去看看。賣畫者認得他是當朝名臣，也就放心的把畫交給他，他便連夜複製一幅假畫，第二天將假畫還去而將真畫留下。由於他極善臨摹，那假畫的確足以亂真，故此得到不少名人真跡。

　　又一日，當他又用此法將自己臨摹的一幅足以以假亂真的畫還回去時，畫主人卻說了一句：「大人且莫玩笑，請將真畫還我！」米芾大驚，問道：「此言何意？」那人回答：「我的畫上有個小牧童，在小牧童的眼裡有個牛的影子，您的畫上沒有。」米芾聽罷，這才叫苦不迭。

　　上述這個極易被人忽略的小牧童眼裡牛的影子，就是細節，而一向「穩操勝券」的米芾，也正是「栽」在眼中的牛這個小小的細節上，賣畫者憑他對細節的關注避免了損失。

　　某公司的一個重要部門出現了空缺職位，董事長決定聘用一位德才兼

備的人來擔此大任。可是，接連幾天的招聘，都沒有一個人能通過董事長的「考試」。

正在這時，一位 30 歲左右的留美博士前來應徵。不料，董事長通知他凌晨一點去參加考試，考試的地點是董事長的家裡。留美博士凌晨一點準時按響了董事長家的門鈴，但許久不見有人前來開門，直到早上八點，董事長才將他請進屋裡，準備應答考題。

董事長問他：「年輕人，你會寫字嗎？」博士回答道：「會。」董事長拿出一張白紙，讓他在上面寫一個做人的「人」字，寫完後，董事長平靜的說：「今天的考試就到這裡吧！你可以回去了。」

博士不解的問道：「就這樣嗎？」董事長深深的點點頭。

第二天，該公司召開了董事會，董事長鄭重的宣布，該名博士是最後獲得總經理位置的人。他說：「一個這麼年輕的博士，論才學與智慧絕對不是考量的問題，所以我為他出了一個更為困難的題目。首先，我要他凌晨一點來我家參加考試，是考驗他的犧牲精神，他做到了；我又讓他在門外空等了 7 個小時，這是考驗他的忍耐力，他也做到了；接著我又考了他的脾氣，看他是否在見到我時對我大發雷霆，然後摔門而去，結果他沒有，見到我以後仍然是笑容滿面，這項考驗他也通過了；最後，我又考驗了他的態度，我讓他寫一個連 5 歲小孩都會寫的字，他也肯寫，說明他具備了謙虛的態度。像他這樣德才兼備的人，我們公司怎麼能放棄呢？所以我決定從現在開始錄用他。」可見，做人做事，只有從細節入手，才能真正看清本質。

細節決定成敗，細節也改變了世界。真正有實力的人，都能夠看到細節的力量，並將之引入生活和工作當中，學會注意細節，不要讓機會從身邊溜走，不要讓成功倒在細節上。從細節入手，改變自己，改變人生。

第三章　贏在細節—別讓成功倒在細微處

第四章
贏在習慣 —— 為命運多鋪一條路

　　一個好的習慣是一束美麗的鮮花，恬淡的在人們的生活中悄然綻放。習慣是一種可怕的力量，它在無聲無息中左右著我們的生活。這些習慣無處不在，小到個人衛生，形象，大到健康，社會交際，習慣有著涉及面廣、影響力大的特點，一個人的習慣一旦形成，便很有可能成為追隨一生的影子。

　　習慣形成時間長，是人們的一種潛意識，生命力比我們想像中要頑強，改掉壞習慣並非一朝一夕，不但要對習慣有充分的認識，還要明白時間才是治癒壞習慣的最佳良藥，只要有決心，一切困難都會變得微不足道。

▌創新是成功的加油站

古希臘有句諺語：「播種一個行為，收穫一個習慣；播種一個習慣，收穫一種性格」。可見，好的習慣能夠為我們的人生播撒希望的種子。勇於創新，是有進取心的表現，這種習慣一旦形成，對我們個人的成功是十分有利的。可以說，創新就是成功的加油站，它是我們遠行的原動力。

所謂創新，通俗的說就是別人沒想到的你想到了，別人沒發現的你發現了，別人沒做成的你做成了，這就是創新。創新，涉及社會生活各個領域，包括理論創新、科技創新、文化創新、制度創新以及其他各方面的創新。創新的高手都有一種不愛跟隨在別人屁股後面走的習慣，而是善於探索，另闢蹊徑走自己的路。

「我的成功祕訣很簡單，那就是永遠做一個不向現實妥協的叛逆者。」這是美國實業家羅賓說過的話。他這樣說，同樣也是這樣做的，他的言行一致也成為業界的一個標竿，為他的成功鋪就了一條金光大道。

當全美短皮靴成為一種流行時尚的時候，每個從事皮靴業的商家，幾乎都趨之若鶩的搶著製造短皮靴供應各個百貨商店，他們認為趕著大潮流走要省力得多。

羅賓當時經營著一家小規模皮鞋工廠，只有十幾個員工。這種小型的經營，讓他在競爭中無法占據優勢。那時的羅賓深知自己的工廠規模小，要賺到大筆的錢確非易事。自己薄弱的資金、微小的規模，根本不足以和強大的同行相抗衡。那麼如何在市場競爭中獲得主動權，爭取有利地位呢？成為他當時為了讓自己的小工廠繼續生存所必須面臨的問題，經過思考後，羅賓認為有兩條路。

一是在皮鞋的用料上著眼。就是盡量提高鞋料成本，使自己工廠的皮

鞋在品質上勝人一籌。然而，這條道路在白熱化的市場競爭中行走起來是很困難的，因為自己的產品本來就比別人少得多，成本自然就比別人高了，如果再提高成本，那麼獲利有減無增。顯然，這條道路是行不通的。

二是著手皮鞋款式改革，以新領先。羅賓認為這個方法不失妥當，只要自己能夠翻出新花樣、新款式，不斷變換、不斷創新，招招占人之先，就可以打開一條出路，如果自己創造設計的新款式為顧客所鍾愛，那麼利潤就會接踵而至。

經過一番深思熟慮，羅賓決定走第二條道路。他立即召開了一個皮鞋款式改革會議，要求工廠的十幾個工人各盡其所能的設計新款式鞋樣。為了激發工人創新的積極度，羅賓規定了一個獎勵辦法：凡是所設計的新款鞋樣被工廠採用的設計者，可立即獲得 1,000 美元的獎金；所設計的鞋樣改良後被採用，設計者可獲 500 美元獎金；即使設計的鞋樣未被採用，只要其設計別出心裁，均可獲 100 美元獎金。

同時，他還設立了一個設計委員會，由五名熟練的造鞋工人擔任委員，每個委員每月額外加薪 100 美元。

這樣一來，這家袖珍皮鞋工廠裡，馬上掀起了一陣皮鞋款式設計熱潮，不到一個月，設計委員會就收到 40 多種設計草樣，採用了其中三種款式較別致的鞋樣。羅賓立即召開全體大會，頒發了獎金給這三名設計者。羅賓的皮鞋工廠就根據這三個新款式來試行生產了。

第一次出品是每種新款式各製皮鞋 1,000 雙，立即將其送往各大城市推銷。顧客見到這些款式新穎的皮鞋，立即掀起了一股購買熱潮。兩星期後，羅賓的皮鞋工廠收到 2,700 多份數量龐大的訂單，這使得羅賓終日忙於出入各大百貨公司經理室大門，跟他們簽訂合約。因為訂貨的公司多了，羅賓的皮鞋工廠逐漸擴大起來，3 年之後，他已經擁有 18 間規模龐

大的皮鞋工廠了。

　　不久危機又出現了。當皮鞋工廠一多起來，做皮鞋的技工便供不應求了。最令羅賓頭疼的情形是別的皮鞋工廠盡可能的把薪資提高，挽留自己的工人，即使羅賓出重資，也難以把其他工廠的工人拉過來。缺乏工人對羅賓來說是一道致命的難關。因為他接到了不少訂單，如無法及時供貨給買主，這將意味著他得賠償鉅額的違約損失。

　　羅賓憂心忡忡。他又召集 18 家皮鞋工廠的工人開了一次會議。他始終相信，集思廣益，可以解決一切棘手的問題。

　　羅賓把沒有工人可僱用的難題告訴大家，要求大家各盡其力的尋找解決途徑，並且重新宣布了以前那個動腦筋有獎的辦法。會場一片沉默，與會者都陷入思考之中，搜腸刮肚的想辦法。

　　過了一會，有一個年輕工人舉起右手請求發言，羅賓嘉許之後，他站起來怯生生的說：「羅賓先生，我認為僱請不到工人無關緊要，我們可用機器來製造皮鞋。」

　　羅賓還來不及表示意見，就有人嘲笑那個工人：「孩子，用什麼機器來造鞋呀？你是不是可以造一種這樣的機器呢？」

　　那年輕工人窘得滿面通紅，惴惴不安的坐了下去。羅賓卻走到他身邊，請他站起來，然後挽著他的手走到臺上，朗聲說道：「諸位，這孩子沒有說錯，雖然他還沒有造出一種造皮鞋的機器，但他這個辦法卻很重要，大有用處。只要我們圍繞這個概念想辦法，問題定會迎刃而解。」

　　「我們永遠不能安於現狀，思維不要侷限於一定的桎梏中，這才是我們能夠不斷創新的動力。現在，我宣布這個孩子可獲得 500 美元的獎金。」

　　經過四個多月的研究和實驗，羅賓的皮鞋工廠的大量工作就已被機器取而代之了。

這個世界上，方法總比問題多，只要動動腦筋，勇於創新，就可以走出一條不尋常之路。原地踏步，就會最終被社會所淘汰。

命運與習慣緊相連

「積千累萬，不如有個好習慣！」這句話充分說明了習慣的超然地位，科學家表示：人們每天高達90%的行為是出自習慣的支配。你每天所做的每件事，都幾乎是靠著習慣的指引，這就是我們所說的慣性。比如，一個習慣每天抽菸的人，如果有一天不抽，就會感覺很難受，這就是一種習慣。一般情況下，好習慣與壞習慣是並存的，它們之間是一種相對關係，一個好習慣是天使，它能夠讓我們的生活和工作都處在一個良性循環狀態，使人與成功親密牽手。而一個壞習慣就是魔鬼，它會讓我們的生活和工作處在一種不自覺的惡性循環當中，使人與成功背道而馳。也許有的人認為這是一種危言聳聽的說法，但有過實際經驗的人就會知道，習慣是與命運緊密相連的。好習慣可以引領我們成功，壞習慣卻足以毀掉我們的一生。

習慣像迷失方向時的燈塔，指引著我們行動的方向。一個好的習慣，可以帶領我們飛向天堂，而一個壞習慣，卻可以推著我們走向地獄。

但有些遺憾的是，當我們被壞習慣綁架時，我們卻從來不自知，因為不自知，所以無法改正。解決問題不難，難的是勇於發現問題。有句古詩「不識廬山真面目，只緣身在此山中」，只要我們跳出個人的視角，用心觀察，就可以發現壞習慣的存在，找到了根源，自然會有解決的方法。

習慣是由一個人行為的累積而形成的，它決定人的性格，進而成為決定人生的重要因素。習慣是決定一個人一生平坦與坎坷、失敗與成功、樂

第四章　贏在習慣—為命運多鋪一條路

觀與悲觀、失意與得意的關鍵因素。習慣極大的影響著人類的行為，人們透過改變其習慣而改變其命運。

有些人過度相信命運，以至於沒有動力去改變自己，其實，即使一個人生活中總是充滿挫折，如果能夠保持良好的習慣，也能夠排除困難，迎來成功和好運。習慣猶如一條條小河，日復一日的奔向大海，浩浩蕩蕩，連接彼岸。好的習慣，即使中途有荊棘和彎路，也會最終克服困難，駛向和平與幸福。壞習慣即使一路坦途，也會因各種原因，而最終導致失敗。

雄鷹衝上雲霄方知天空的遼闊，但這一刻的享受，卻是努力練習飛翔的結果。牠讓翅膀習慣了挑戰風雪，搏擊閃電！它讓自己的心靈，習慣了仰望天空，蔑視苦難，這種習慣最終讓牠翱翔的是廣袤的藍天，這是鷹的命運，從習慣中的一點一滴錘鍊出終生的自由自在。

因此，在我們的人生旅途中，不要只看著眼下的荊棘，要看向遠方的美麗，不要抱怨上天的不公，要看到上天對你的期望。就像田裡的稻子如果沒有每天面對太陽的習慣，秋日裡怎會收穫一粒粒豐碩的果實？命運與習慣是相連的，讓好習慣走入我們的生活，自然會引來命運的垂青。

在《培根論人生》（The Essays of Francis Bacon）一書中，論述了習慣與命運的關係。「人們的行動，多半取決於習慣。一切天性和諾言，都不如習慣有力，即使是人們賭咒、發誓、打包票，都沒有多大作用。」樸素的言語中蘊含著人生的真諦，與其相信命運，不如從培養好習慣開始，將命運牢牢掌握在自己的手中。

生活中的習慣會為我們的事業帶來影響。比如有些人總是喜歡將東西亂放，這樣的人在工作中必然也是沒有計畫，喜歡隨心所欲的。不要小看生活中的點滴，那些不好的習慣會自然而然的對我們的人生產生影響。下面這個故事可以更加深刻的說明好習慣的重要性。

1988 年，巴黎迎來了 75 位諾貝爾獎獲得者，這些對世界做出重大貢獻的人聚集一堂。其中，有人問一位諾貝爾獎獲得者：「您在哪所大學、哪個實驗室學到了您認為最主要的東西呢？」

「是在幼稚園。」

「您在幼稚園學到了些什麼？」

「把自己的東西分一半給朋友們；不是自己的東西不要拿；東西要放整齊；吃飯前要洗手；做錯了事情要表示歉意；午飯後要休息；要仔細觀察周圍的大自然。從根本上說，我學到的全部東西就是這些。」

這段對話是耐人深思的。從幼稚園學到的最基礎的東西，直到老年時還記憶猶新，可見留下的印象是非常深刻的。這也說明從小養成的習慣會影響人的一生，時時刻刻都在發揮作用。良好習慣的養成，要從小事做起。誠如教育家蒙特梭利（Montessori）所說：「三歲決定一生。」因此，從小就應該養成一種好習慣。將會對我們的一生產生深遠影響。

柏拉圖曾告誡過一個遊蕩者說：「人是習慣的奴隸。」英國詩人德萊頓（John Dryden）也說：「首先我們養成習慣，隨後習慣養成了我們。」不同的童年造就了不同的人生，而這「不同」的基準點就是行為習慣的不同。

良好的習慣不是天生的，是後天逐漸形成的。要想自己的人生燦爛輝煌，必須從小養成良好的習慣，從小事做起，要有目標，堅持下來，就能成功。

有一家企業，在進行面試時，有四個人同時通過了面試，但公司職位只缺一人，沒有辦法，只有四選一。但這四個人從面試結果看，各方面條件都差不多，在無法取捨的情況下，做出了一個決定。這一天，四個人同時到企業進行最後的面試，在交談過程中，負責面試的經理，突然接到一

個電話，並抱歉的說：「對不起，我有急事，離開 10 分鐘。」在經理離開後，有一個老人，進來為這四個面試者倒水，這四人當中，只有一個站起來，說了聲謝謝，其他三人像是認為理所當然，對於老人這種行為，視而不見。10 分鐘，說長不長，說短不短，於是在這 10 分鐘裡，其他三人都拿著房間裡的東西隨意翻看，只有那個說了謝謝的面試者，仍在自己座位上安靜的等待經理回來。10 分鐘後，經理回來了，並確定了留下的人選，就是那個懂禮貌並有耐性的面試者。經理說，一個面試者的個人習慣將會對他今後的工作產生影響，一個好的習慣可以讓工作進行得更加順利。

也許有人會說，這只是年輕人的一時疏忽，或者說年輕人不拘小節，但這卻映射出習慣養成方面的一個漏洞。一種好的習慣，會收穫更好的人生，培養好的習慣，會得到命運更多的眷顧。生活就是一種習慣，習慣了便成了永恆。

▎讀書使人終身受益

養成讀書的好習慣受益終生 —— 這是成功的處方。現在，是個知識爆炸的時代，沒有知識，便無法在這個時代裡立足，為自己營造一種永遠渴求新知識的習慣，將會讓我們得到更多的機會，有更好的發展前景。「書中自有黃金屋，書中自有顏如玉。」讀書可以讓我們更好的提高自身修養，不斷突破想法的圍牆，打造出一個全新的人生。

王充，東漢時會稽上虞人，他出身於「細門孤族」，沒有什麼背景，一家過著清貧的日子。在《論衡・自紀篇》中，王充這樣敘述自己的青少年時代：童年時與其他兒童玩遊戲，不隨便打鬧，他 6 歲開始識字，8 歲進書館學習。他請老師講授《論語》、《尚書》，一天能背 1,000 多字，

約 15 歲時王充到京師洛陽進太學深造，開闊了眼界。但太學裡的學習並不能使王充感到滿足。《後漢書‧王充傳》說他「好博覽而不守章句」，即學習時不拘於經典詞句，而是廣讀群書。由於家境貧寒，買不起書，他經常到洛陽的書肆中去看書。在熱鬧的街市裡，他也能全神貫注，甚至暗暗背誦下特別好的詞句。王充學成之後，回到故鄉，一面授徒講學，一面開始自己的著述。曾希望自己能當官出仕的王充有過相當大的政治抱負，希望自己能有所作為。但是當時，門閥豪族控制仕途，王充出身寒庶，其思想見解又不為當時的統治者賞識。所以他只做過幾次幕僚一類的小官，還常常因意見不合而被迫辭職。

和大多數文人一樣，當王充感到自己在仕途上不會順利時就專心治學，著書立說。王充所處的時代，雖然表面上顯得比較平靜，但仍舊潛伏著社會危機，階級矛盾也有所激化。西漢董仲舒提出「罷黜百家，獨尊儒術」的口號，從鞏固封建統治的政治需求出發，把先秦儒家、陰陽五行思想糅合，改造為「天人感應」的神祕主義儒學，成為官方的正統思想。在這一基礎上帶有迷信色彩的讖緯之學在東漢時亦冒頭。讖，就是偽造上天所謂的文書，其中有預言、啟示之類，緯，就是用天人感應的神學理論去注解古籍。顯然，這種讖緯學說是充滿了各種迷信的荒誕之說，其影響所及，使「眾書皆失實，虛妄之言勝真美」。王充對此「疾之無已」，因而奮筆著書。針對當時思想界的問題，他寫下了《大儒》、《譏俗》、《節義》、《政務》、《論衡》等書。現在保存下來的只有《論衡》一書。

在王充臥室的書架上，到處放著筆硯、刀和竹木簡，一有什麼想法就隨時記下來。直到臨死時他才完成此書。王充解釋《論衡》這一書名時這樣說：「論衡者，所以銓輕重之言，立真偽之平。」就是衡量言論得失和真偽之作。在這部巨著中，在對已成為官方思想的漢字唯心主義哲學和神

學迷信進行系統的批判中，展現了王充的大無畏精神。同時他還對先秦以來的主要思想流派進行了評論，對漢代思想做出總結。

　　晚年生活困苦的王充在 71 歲時去世，而直到他去世也沒有多少人知道他的著作。到東漢末年，經過蔡邕、王朗等人的推許，他的一些著作才逐漸流傳開來，這位偉大而傑出的古代唯物主義思想家的著作才得以流傳後世，成為偉大而寶貴的文化遺產。王充之所以能有這樣的成就，與他愛讀書是密不可分的。讀書的習慣讓王充的知識更加廣闊，視野開闊才有了更加先進的思想。可以說，讀書的習慣成就了王充的偉大事業。

　　在這個世界上只有保守的腦袋，沒有一成不變的知識，如果不及時為自己充電，成功就將與我們絕緣，生存的空間就會變得越來越小。學習無止境，成功需要終生學習，尤其是資訊革命時代，每一個欲成大事的人都應該認知到，學習將成為終生的需求。

　　可能有人會質疑，還有那麼多需要提倡的好習慣就不該培養嗎？像認真聽講的習慣、幫助他人的習慣、講究衛生的習慣、自覺學習的習慣等等。這些習慣都是一種好習慣，好習慣自然如韓信點兵 —— 多多益善，但讀書是其中重要的習慣之一，值得我們單獨提出，引起人們更多的關注。沒有知識就不懂道理，沒有道理，自然無法做一個成功的人。知識對我們每個人都是重要的，不是有一句話叫「活到老，學到老」嗎？一個人要想在社會中保住自己的地位，就要不斷提升自己的價值，而知識就是這種價值。培養讀書的好習慣，將會讓我們的人生更加精彩。

讓勤奮如影隨形

　　每個人都期望幸福，對於想成大事者而言，最大的幸福就是勞有所獲。有目標還要有行動，兩者相結合，才能最終夢想成真。勤奮對於夢想的實現，有著推波助瀾的作用，它是我們達到目標的有效途徑之一，也只有勤奮，才能創造奇蹟。任何天才，都是勤奮與智慧的結晶，在成功的比例中，99％來自勤奮，1％來自靈感。這兩者共同作用，讓成功進入我們的生活。因此，勤奮是造就成功的習慣，有了它，才能讓成功與我們親密接觸。

　　梅貽琦的父親梅臣只中過秀才，後來做了鹽店職員。梅臣生子女各五人，梅貽琦為長子，1900 年（梅貽琦 11 歲）隨父母至保定避庚子之亂。秋後返津，家當又被洗劫一空，父親失業，生活困難。1904 年，梅貽琦以世交關係入天津南開學堂讀書，成為著名教育家張伯苓先生的得意門生。在校期間一直是高材生，1908 年，畢業時名列榜首，他的名字一直被銘刻在南開校門前的紀念碑上。畢業後，被保送至保定「直隸高等學堂」。梅貽琦相信勤奮可以創造奇蹟，因此，他在學習期間，養成了勤奮的好習慣，這個習慣一直伴隨著他的一生。

　　1909 年夏，清政府「遊美學務處」招考第一批庚款留學生。梅貽琦以優異成績中取。十月赴美，成為第一批學生。抵美後，進入伍斯特理工學院學習電機專業。在校期間他勤奮苦讀，且省吃儉用，常把節省下來的餘錢積少成多寄回貼補家用。1914 年夏，梅貽琦畢業，獲工學學士學位並被選入「Sigma Xi 科學研究學會」（美國一種專為獎勵優秀大學生而設的組織）。在美期間，他曾擔任過留美學生會書記、伍斯特世界會會長、《留美學生月報》經理等職。1915 年春回國，於天津基督教青年會

服務半年，九月，即應母校北京清華之聘任教。1921 年，他利用休假機會再度赴美，入芝加哥大學研究物理一年，1922 年秋「遍遊歐洲大陸」後返國，繼續在北京清華任教。

1925 年，學校增設大學部，梅貽琦擔任物理系的「首席教授」。翌年春，教務長張彭春辭職，師生群起挽留，發展成一場「校務改進運動」，成果之一是從這以後教務長一職不再由校長指定，而是由全體教授公選。四月，梅貽琦被公選為改制後的第一任教務長。梅貽琦的成功之勤奮的結果，可以說是勤奮成就了梅貽琦，讓他走出生活的陰影，完成了人生華麗的轉身。

天下沒有免費的午餐。個人奮發向上的辛勤實做，是獲得傑出成就所必須付出的代價。事實上，任何事業追求中的優秀成就都只能透過辛勤的實做才能獲得。沒有辛勤的汗水，就不會有成功的喜悅與幸福。

真正的幸福絕不會光顧那些精神麻木、四體不勤的人們，幸福只在辛勤的付出和晶瑩的汗水中。只有懶惰才會使人們精神沮喪、萬念俱灰；也只有付出才能創造生活，為人們帶來幸福和歡樂。任何人只要投入工作，就必然要耗費體力和精力，也可能會使人們精疲力竭，但它卻能讓人們有一個全新的精神面貌。因此，一位智者認為這是治療人們身心病症的最好藥物。沒有什麼比無所事事、空虛無聊更為有害的了。一個人的身心就像磨盤一樣，如果把麥子放進去，它會把麥子磨成麵粉，如果你不把麥子放進去，磨盤雖然也在照常運轉，卻不可能磨出麵粉來。

要知道，一個人熱愛自己的工作、尊重工作是保持良好品德的前提條件，只有熱愛工作、尊重工作，才能抵禦各種卑劣思維、腐朽思維的侵蝕，才能抵抗各種趣味的引誘。也只有熱愛工作、盡職盡責，才能擺脫由於沉溺於自私自利之中而帶來的無數煩惱和憂愁。

富蘭克林（Benjamin Franklin）自小就養成了勤奮的優良個性。早在孩提時代，他就勤奮讀書，甚至把每一點點零用錢都用在了買書上。富蘭克林從《天路歷程》（The Pilgrim's Progress）中得到了樂趣，因此，他一開始收集的就是單獨出版的小冊子。後來，他又賣了這些單行本，而買了關於歷史方面的文集。父親的藏書室裡的書主要是有關宗教辯論方面的，大多數他都閱讀過了。當時有一本《名人傳》，對富蘭克林日後的生活影響很大。他得到這本書後，擠出所有可以玩耍的時間來，反覆的閱讀，不忍釋手。

富蘭克林用自己的行動和極大的成就實踐了他自己的諾言：「勤勞就是財富。誰能珍惜點滴時間，就像一顆顆種子不斷的從大地母親那裡吸取營養那樣，珍分惜秒，點滴累積，誰就能成就大業，鑄造輝煌。」

勤奮可以創造出奇蹟，皮爾卡登（Pierre Cardin）的奮鬥史也印證了這句話：皮爾卡登從小就對服裝感興趣，即使是在最貧困的時候。他的父親——一個貧困的義大利農民帶著妻子和 7 個孩子背井離鄉到法國謀生時，他才剛滿兩歲。他是被母親用一塊藍被單裹著離開家鄉的。

他生活在天天都要為吃飯與穿衣的事而發愁的家庭裡，卻偏偏對各式各樣的服裝感興趣。

童年的時候，他喜歡在街上遊逛，時裝店裡多姿多采的時裝常常使他流連忘返。他的耳邊經常傳來這樣的斥責和嘲諷：

「滾開，窮鬼！你也來看時裝？」

「小義大利佬，買套時裝去送給小情人吧。哈哈……」

然而，一個夢想卻在他幼小的心中升起：「以後，我也能做各式各樣的時裝，做出許許多多好看的時裝。」

念高中的時候，由於貧困，皮爾卡登的父母再也無法維持這個家庭

了。皮爾卡登不得不退學去工作，他的選擇是去裁縫店當小學徒。

　　他的夢想，他的天分，他的勤奮，使皮爾卡登的技藝很快就超過了師傅。他經常別出心裁的設計出一些新穎的服飾，很受當地女性的青睞，常常有人找上門來請他設計時裝。他不僅白天當裁縫，做設計，晚上還到一個業餘劇團當演員，以便於更好的觀摩和研究各種新奇高雅、絢麗多彩的舞臺服裝，這對他未來的設計風格產生了深遠的影響。

　　這時候的皮爾卡登，在當地已小有名氣。然而他清楚的知道自己想要的是什麼。他並不是要當一名製衣匠，他的夢想是當一個「時裝設計大師」。

　　有一天，他遇到一位同樣因戰爭流落到此的貴婦人。貴婦人對他身上高雅奇特的服裝很感興趣，聽說這是他自己設計製作的，她更是十分驚訝。皮爾卡登向她述說了自己的苦惱和夢想，貴婦人不由得感嘆說：「孩子，你一定會成為百萬富翁，這是命中注定的。」這預言更激起了他心中壓抑已久的熱情和渴望。皮爾卡登帶著貴婦人提供的地址，再次來到巴黎城。

　　他按那貴婦人提供的地址，找到了巴黎愛麗舍宮對面街上的女式服裝店，這是一家專為大劇院設計縫製服裝的頗有名氣的服裝店。憑著他高超的技術和對舞臺服裝的獨到見解，老闆毫不猶豫的收下了他。

　　在那裡，皮爾卡登潛心於自己的工作中，對高級服裝的製作有了更成熟的經驗，這為他以後個人事業的發展打下了扎實的基礎。皮爾卡登的成功是建立在勤奮的基礎上的。勤奮是成功的導體，透過它，很多人可以感受到成功的美妙滋味。

　　一位世界著名的數學家曾說過：「科學的靈感，絕不是坐等可以等來的。如果說，科學上的發現有什麼偶然的機遇的話，那麼這種『偶然的機遇』只能給那些學有素養的人，給那些善於獨立思考的人，給那些具有鍥而不捨的精神的人，而不會給懶惰的人。」從這段話中，我們可以看出勤

奮在一個人生命當中的重要性，勤奮是讓夢想成真的羅馬大道，只有勤奮才能完成人生的蛻變。

立即行動，不替自己找藉口

「明日復明日，明日何其多，我生待明日，萬事成蹉跎」，當我們在為自己找藉口拖延的時候，想一想這個廣為流傳的〈明日歌〉，從這首詩中，我們就可以看到拖延對人生的危害。

我們每一天都要對自己有個規畫，這些規畫有利於我們個人的長久發展。但有些人在替自己訂下目標時，卻總是因各式各樣的原因而改變，一次改變，也許是出於無奈，但十次中有九次發生改變，這就是人的性格問題。說明在其性格當中，有拖延的一面。

行動，立即行動是成功的祕訣之所在。成功者之所以成功，不是因為他懂得比你多，而是做得比你多。每個人都想成功。但為什麼成功者總是少數？因為多數人只是想，但很少去做，而成功者卻是想到了就去做。千萬不要只是想像，你把將來的目標想得再美好也只是夢想。只有放下其他的雜念，立即行動，才能實現理想。

有幾句廣告詞寫得好：「世間自有公道，付出總有回報；說到不如做到，要做就做最好。」的確，說到不如做到。放眼看這世間的成功人士，哪一位不是有著極強的實踐能力！哪一位不是在目標制定後熱情積極的去實施，將想法轉化為行動！只有行動才能讓夢想成真，讓目標實現，才能讓你擺脫沒錢、沒背景、沒經驗的境遇！決定去做的事，馬上去做，不給自己任何藉口。今天的事是今天的事，不要待明天去做。拖延的習慣是成功的天敵。

放著今天的事不做而想留待明天，在這個過程中拖延、等待、彷徨的時間和精力也差不多能將要做的事情完成了。人們在生活中常有這樣的煩惱：有幾件事本應早幾天，早幾週做，但當初一拖就拖到現在；現在硬著頭皮將它們做完後，又懊惱的發現原來在「現在」做過去的事情時，又將「現在」的事情拖到了將來。於是，懊惱影響了效率。效率低又導致了混亂，混亂導致了失敗。

要成功就要採取行動。因為只有行動才會產生結果。要成功就要知道成功的人都採取了什麼樣的行動。有許多的人這麼說：「成功開始於想法。」只有這樣的想法，卻沒有付出行動，還是不可能成功。你必須研究成功者每一天都在做些什麼，他們到底做了哪些跟你不一樣的行為。假如你可以如法炮製他們的行動，那麼，你一定會成功。空想家，永遠都只會在大腦裡繪製藍圖，但真正的實踐者，卻明白無論多麼偉大的工程，都是需要一步一個腳印的去完成。

一個業務員要成功，必須拜訪非常多的客戶。如果他不知道最頂尖的業務員一天拜訪多少個客戶，那他根本就沒有成功的機會；如果他無法付出頂尖業務員所付出的行動，他就無法提高成績。成功的人永遠比一般人做得更多。當一般人放棄的時候，他會尋找下一位顧客；當顧客拒絕他的時候，他會再問他們：「你到底要不要買？」當顧客不買的時候，他會問：「你為什麼不買？」

他總是在尋找如何自我改進的方法，以及顧客不買的原因；他永遠在不斷的改善自己的行為、態度、舉止和自己的人格；他總是希望更有活力，產生更大的行動力。這些行動力累積時間一長，就會從中總結出被拒絕的原因，下次便會盡量避免發生同樣的錯誤。如此，不斷循環，終使自己成為一個最優秀的業務員。

這就是立即行動的力量。

相比之下，很多人終日無所事事，不做運動，不學習，每天都在抱怨一些負面的事情，他們哪來的行動力？

記住：永遠是你採取了多少行動讓你獲得成功，而不是你知道了多少。所有的知識必須化為行動，因為行動才有力量。不管你現在決定要做什麼事，不管你現在設定了多少目標，請你一定要立刻行動。只要肯行動，那麼一切皆有可能。

假如將現況分為兩個階段來看，你並不喜歡現在所處的階段，但想使自身能力迅速提升，身價上漲，就非運用目前的階段不可。目前階段便是使你的身價能夠向上升的支柱。如果不去想這些，而純粹只是對現況不滿的話，便無法脫離現狀。改變現狀的方式就是立即行動，行動就會有收穫，每天，哪怕是一點點收穫，都會讓我們的生活充滿陽光，當我們用行動跨過冬天，春天就會如約而至。

真正的成功者，無論他們喜不喜歡，願不願意，都懂得用現在的處境來作為提升自我身價的跳板。他們勇敢的面對現狀：「這就是我今日的處境，我唯一能做的就是在目前環境中展開活動。」如此一來，事情就有了急速的變化。他們只要每天在「目前環境」中開始行動。就會產生奇蹟，人生便向他們綻放異彩，散播希望。

托爾斯泰（Tolstoy）少年時，他的父母曾對這個孩子的將來有不同的預想。父親說：「他長大了不可能有大作為。」母親卻說：「我倒覺得這孩子才華驚人。」最後母親仍辯不過父親，於是慈愛的摸著托爾斯泰的頭說：「你的外表不及別人體面，要加倍用功讀書，才能成為最有用的人上之人。」因此，托爾斯泰明白立即行動的意義，立即行動就能為人生帶來改變的可能，如果原地踏步，那麼，也許成功就會從身邊一閃而過。

許多很好的想法因為「我將來某一天開始」而成為遙不可及的夢。我們應該「現在就開始，就在現在做」。

一位大學生準備晚上 7 點開始溫習功課，但因晚飯吃多了，所以決定看一會電視，結果看了 1 小時，因為電視節目很精彩。晚上 8 點，他坐在桌前正準備看書，突然又想起來要打一個電話給朋友，一聊又是 40 分鐘（他一天沒跟他的朋友聊了）。後來他又被人拉去玩了 1 小時的籃球，結果，他滿頭大汗，又去洗了個澡。洗完澡，他又覺得餓了，因為畢竟消耗了不少體力。本來計畫好的一個晚上就這樣過去了。到了凌晨 1 點，他打開了書，但又太累了，集中不了精神。最終，他還是去睡了。他一直沒有能夠坐下來看書，因為他花的準備時間太長了。

這種「過分做準備工作」的人不計其數。一些推銷員、經理、家庭主婦……他們在開始工作之前總是先聊天、削鉛筆、讀讀報、擦擦桌子、泡杯茶，然後再開始工作。這是一種拖延的習慣，並且這種習慣已成為成功的絆腳石。很多人都是因為這種習慣而讓自己的成功成為夢中的場景，變得遙遠而虛幻。

有一種方法可改掉這種習慣，即告訴自己：「我此時此刻已經一切就緒了，可以開始工作了。我拖延時間什麼也得不到，我要把『準備』的時間和精力用於開始工作上去。」想寫封信給朋友嗎？現在就寫。有什麼可以擴大業務的好想法嗎？去嘗試。記住班傑明·富蘭克林的忠告：「不要把今天能做的事推到明天去做。」

現在去做意味著成功，將來某一天去做意味著失敗。

每一個人大都喜歡拖延，每一個人大都有拖延的習慣，每當想要做某事的時候，就立刻把想法轉換，轉換為不設定完成期限，這就是拖延的根源。如果已經設定了期限，就不會拖延，那個期限如果是一定要完成的，

無法再變動的，就沒有拖延的藉口。

　　拖延是一種習慣，行動也是一種習慣，不好的習慣要用好的習慣來代替。如果，我們在生活中，能夠讓自己立即行動起來，那麼，我們的生活和人生都將因此向更好的方向發展。

把時間放在最佳位置上

　　時間，是我們的人生歷程的見證。它的流逝，讓我們從青澀走向成熟，從迷茫走向光明。在過去的時間裡，我們有過歡樂，也有過淚水，這一切都組成了我們人生美好的回憶。

　　時間是公平的，它對每個人都同樣計時，時間是寶貴的，它一去不復返的特點，讓我們明白，有些東西失去了，便不會再回來。既然時間對我們每個人都如此重要，那麼，如何將時間放在最佳位置上，就成了影響我們個人發展的最重要因素。

　　威爾遜（Thomas Woodrow Wilson）從小家境非常貧窮，10 歲起離家當學徒，每年只有一個月時間在學校接受教育。在這樣貧困的生活中，威爾遜下定決心，不讓任何一個發現自我、提升自我的機會溜走。他深刻的理解閒暇時光的價值，他緊緊的抓住了零碎的時間，不讓一分一秒的時間從指縫間溜走。

　　經過 11 年的艱辛工作和努力掙扎，21 歲時他離開了農場。此時，他已經讀了幾本優秀的著作，這對於一個生活在農場裡和貧窮中的孩子來說，是多麼難以辦到的事情啊！

　　離開農場 8 年之後，他發表了著名的反對奴隸制度的演說；12 年後又進入了國會；最後，他登上了美國總統的寶座。

　　關於如何管理時間的學問很多。威爾遜的成功是因為抓住了點滴時間，運用零散的時間累積了大量的知識。時間管理不僅是對企業的管理，也是對自己學識的管理，還是對人生的管理。一個善於利用時間的人，會增加成功的機率，使其儘早功成名就。

　　喬‧吉拉德（Joe Girard）被譽為「世界上最偉大的推銷員」，這歸功於他那獨特的時間運用方式，喬‧吉拉德 12 歲時爭取到一份送報員的工作。那時他特別想得到一部自行車，那是作為尋求新讀者的競爭中的最大獎品，他想得到這部車。於是，他早上 5 點鐘就起床，並在上學前送完所有的報紙。在這段時間裡，他抓緊每一分鐘挨家挨戶去敲門拉生意。透過艱苦努力和高效利用時間，喬‧吉拉德得到了他想要的東西。

　　這次經歷，使他贏得的不僅僅是一部自己想要的自行車，還有知識和規劃時間的方法。他了解到，只要自己堅決的執行工作計畫，就會成功。

　　他說：「在我的生活中，從來沒有『不』，你也不應有。我不會把時間白白送給別人的。所以，要相信自己，一定會賣出去。一定能做得到。」喬‧吉拉德經歷過生活的困難，因此，在成功後，更能深刻領悟成功的真諦，當有人問喬‧吉拉德成功的祕訣時，他回答說：「其實我們每個人都有目標。如果我們能堅持每天拜訪至少 50 位客戶並且一直堅持下去。就會成功。」在他看來，貧與富的差別只是利用時間的差別。

　　如果我們能像喬‧吉拉德那樣合理的規劃時間，最終我們也能得到夢想的東西和財富。看到時間流逝內心就悲傷，這是一切成功者對待時間的最積極的心態，因為在他們看來，流逝的不僅僅是時間，流逝的是自己的生命。有效的利用時間，這是成功者的習慣，他們總是將時間放在最重要的位置上，並且知道怎樣分配時間最合理，這種習慣讓他們在高效的同時，也能夠有時間來享受生活帶來的樂趣。

不成功的人總以為浪費幾分鐘無所謂，今天做不完的事明天可以再做，他不會為浪費時間而痛惜不已。而成功者之所以能成功，就在於他絕不會浪費一分一秒，他總會力爭在設定的時間之內把所有的事情做完。

其實，時間管理就是生命管理。只有善於管理時間的人，才能實現高效做事；只有有效的做事，才可以實現生命的價值。生命的計算方式，其實就是時間的計算。時間就是生命的價值，珍惜生命的前提，就是管理好時間。

現代人的生活節奏越來越快，壓力也越來越大。人們經常抱怨一個星期有三到四天的時間在加班，沒有時間鍛鍊身體，身體經常處在一種接近透支的狀態；也有人抱怨，雖然職位已經到了中階管理層，但仍沒有安全感，因為知識的更新速度太快了。

其實這所有的問題都是時間管理的問題。每天列了一大堆的計畫，在回顧的時候，卻發現忙的都是一些瑣碎的事情，重要的事情一件也沒有，這就是因為缺乏時間管理的技能，不能很好的運用時間所造成的。

時間是世界上最平等的資源，每個人每天都擁有 24 小時；時間又是世界上最稀缺的資源，每人每天只有 24 小時。這就要求我們必須懂得充分利用每一分每一秒的時間。將時間放在最佳位置，讓自己能夠在時間的流逝中感受到自己的進步，這是成功者的共同點，同時，也是想成功的人應努力培養的習慣。

果斷決策，絕不猶豫

世上有93%的人都因拖延的陋習而一事無成。過度謹慎是缺乏自信的表現，杜絕猶豫，立即行動，你才能與成功靠近。

在現實生活中碰到問題時，一般有兩種處理方法：一是果斷處理，二是猶豫不決。前者能夠及時解決問題，為下一步工作做好充分的準備，而後者在做事上既耽誤了時間，又失去了做事的最佳時機。兩者相比較，便可以看出果斷決策對人們生活和事業的影響。

在拳擊臺上，正在爆發一場大戰：彼特與基恩正為拳王榮譽而戰。基恩最後獲得勝利，興奮不已，而彼特則垂頭喪氣。在戴上金腰帶時，基恩說了一句名言：「身為拳手，最忌諱的是優柔寡斷，看準了就重重打過去是最好的選擇。」

的確，拳臺上沒有退路 ── 不給優柔寡斷者留下一條可以逃脫之路！

人們往往會不自覺的犯這樣的錯誤：在從事一項極為重要的事業時，他們往往先為自己準備好一條退路，以便在事情稍不如意時，能有一個逃生之所。但是大概每一個人都應有這樣的認知：即使戰爭進行得非常激烈，如果還有一扇退卻之門為他而開，他大概是不會使出自己的全部潛力的。只有在一切後退的希望都已喪失的絕境中，一支軍隊才肯使出拚命的精神去奮戰到底。想成功，你不妨斷絕你的一切後路，將你自己的全部注意力都貫注於你的事業中，並抱著一種無論遇到何種阻礙都不向後轉的克服危機的決心，這樣的精神會幫助我們走出困境。

當凱撒率領他的軍隊在英國登陸時，他決意不為自己的部下留任何退路。他要讓他的軍士們明白，此次進攻英國，不是戰勝，就是戰死。為

此，他當著士兵的面，把所有的船隻都燒毀殆盡。拿破崙也一樣，他能摒除一切可能引起衝突的顧慮，具有在一瞬間下最後決心的能力。正是這樣的果斷決策，讓他們的軍隊一路凱歌。

在現實生活中，那些成功人士在開始工作時，總是抱著必須獲得成功的自信，擁有戰勝一切困難的決心；而那些平庸的人在動手之時，卻缺乏明確的目標與方向，也沒有那種無論如何必須獲勝的堅強決心做後盾。很顯然，這兩類人的結果和境遇會有很大的差異。

最可憐可嘆的是那些一直遊蕩、徘徊不定的人，他們也很想上進，但他們不能使自己像離弦之箭一般不屈不撓的飛向目標，他們不曾斷絕自己的後路，他們不曾抱著義無反顧的氣概。因此，他們總是離成功很遠。

當一個人將自己的全部精力都貫注於自己的人生大目標時，他的內心中就能產生一種偉大的力量，這種力量是任何困難都無法抵禦的。

對有志者而言，最大的困擾就是猶豫不決，直到現在仍然如此！有人喜歡把重要的事情先擱置一邊，留到以後去解決，這實在是一種不良的習慣。假如你染上了這種習性，就應趕緊下最大的力氣去克服它。無論當前的問題多麼嚴重，需要你反覆的權衡利弊，你也不能一直沉浸在優柔寡斷之中。我們寧可讓自己因果敢的決斷而犯下一千次錯誤，也不要姑息自己養成一種遇事優柔寡斷的習慣。

古希臘的佛里幾亞國王葛第士曾經在戰車上打了一串結。他預言：誰能打開這個結，誰就可以征服亞洲。一直到西元前 334 年，都沒有一個人能夠成功的將繩結打開。這時，亞歷山大率軍入侵小亞細亞，他來到繩結前，不加考慮，便拔劍砍斷了繩結。他果然一舉占領了比希臘大 50 倍的波斯帝國。這就是果斷決策的力量。

可以這樣說，任何一個有意義的構想都出自思考，而且思考得越深

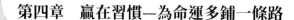

刻、越靈活、越果斷，收益就會越大。一個孩子在山裡割草，被毒蛇咬傷了腳趾，孩子疼痛難忍，而醫生在遠處的小鎮上。孩子毫不猶豫的用鐮刀割斷受傷的腳趾，然後忍著劇痛艱難的走到醫院。雖然缺少了一個腳趾，但孩子以短暫的疼痛，保住了自己的生命。

　　假如我們養成在最後一刻做出果斷決定的習慣，就可以幫助我們走向成功。成大事者，都相信自己的判斷，他們能在最關鍵的時刻，做出決定，而果斷決策並不是一瞬間的反應，而是經過長期培養的。當果斷成為一種習慣時，成功也就不遠了。

第五章
贏在健康 —— 替人生守住重要的關卡

　　生命對每個人來說只有一次，沒有回程票，精彩的生活是每個人的目標，實現這一目標有個前提，那就是健康，沒有健康我們將無法領略和享受生命的美好；沒有健康，我們便無法投入全部精力做自己喜歡的事情。健康對我們每一個人都是至關重要的。

　　物質生活的提高，讓養生大行其道。一個健康的身體比擁有財富更令人羨慕。健康是長期保養和維護的結果，短期的忽視，有可能會讓長期修起的大堤毀於一旦。注重健康才能讓我們的人生充滿活力。

▌健康是人生的第一財富

　　健康是人生第一財富。生過病的人在痊癒後，都會有感而發的說出：「健康才是最重要的。」這句話是經歷後的人所發出的肺腑之言。健康是我們生活的主題，沒有誰能撼動它在人們心中的地位。1953 年世界衛生組織提出的「健康就是金子」的主題口號，將健康與財富相提並論，提高了人們對自身健康的關注。

　　人活在世上，身體健康是排在第一位的。有了健康的身體才能去從事其他一切活動，其中包括對財富的追求。健康是一切的泉源，它與可計算的財富不同，它是無形的，卻是必備的，一個人假若有了財富，但身體不健康，總是活在疾病的痛苦之中，那麼即使財富再多又有什麼用？金錢能買到很多東西，唯獨買不到健康和感情。這兩種金錢買不到的東西才是真正值得珍惜的。

　　健康是人生的儲藏庫，需要我們從年輕時起，不斷向裡面加入能量，唯有如此，才能保障這個儲藏庫長久正常的運作。在健康保養方面，人們有一定的誤區。比如，現在的年輕人，覺得自己身體很好，對一些保養不是很在意，一些小的疼痛也不放在心上。這些小的疾病也許因為現在年輕，而無法真正造成困擾，但到了害了一場嚴重疾病或人到中年時，才會發現，但這時，健康問題已經出現。雖然「亡羊補牢猶未晚」，卻不如未雨綢繆早預防。健康是一生的工程，生命沒有結束，健康就需要我們不斷維護。

　　健康是人生的第一財富，而儲蓄健康就是儲蓄生命的「本錢」。提起財富，多數人首先想到的是名和利，這是人之常情，但也是人們的思想誤區所在。名利，只要我們努力就可獲得，但健康卻是需要長久的投入才能得到的。與名利相比，健康才是人生的第一財富。沒了它，一切的有形財

富都將化為泡影。因此，獲得財富要由內及外，先談健康，再談物質。從現在開始，將健康提到新的高度，讓我們多為自己的人生留點「本錢」。

每個人都會為自己的人生設定目標，並且激勵自己向著目標努力。但可惜的是，很多人在追尋心中夢想的時候往往忽略了，甚至犧牲了自己最寶貴的財富 —— 健康。這些平時的忽略，卻造成了很多無法彌補的遺憾。擁有健康才能擁有人生的舞臺，才能自由的揮灑才情，創造更多的財富。因此，擁有一個健康的身體和健康的心態是當代人不容忽視的大問題。

20 世紀，醫學更多關注醫療，21 世紀，將更多關注預防；20 世紀，人們更多追求治病，21 世紀，人們將更多的追求健康。因為治病是下游，健康是上游。從下游走向上游，是當今時代的呼喚，是社會進步的表現。

生命對於每個人來說只有一次，一個不懂得珍惜生命的人等於一無所有。健康是人類生存之本，沒有健康，其他的一切便毫無意義，只有傻瓜才會為了其他的幸福而讓健康透支。中國現代學者梁實秋先生認為：「健康的身體是做人做事的真正本錢。」一個人只有擁有了健康的體魄，才有可能去開創一番偉大的事業。健康是人類生命軌跡中永遠的主調。沒有好的身體，一切現在和未來的瑰麗構想都將失去支撐。

我們的一生總有那麼多責任、那麼多的使命、那麼多的欲望，生存的壓力、事業的打拚，成功的追求像大山一樣壓在我們的頭上，卡在我們的內心，還不時侵襲著我們的神經。於是我們為了成功去奮鬥，為了金錢去奮鬥，為了名利去奮鬥，卻忘記了我們的健康，忘卻了為健康而奮鬥。殊不知，只有贏得了健康，才能贏得一切。因此，從現在開始，對健康進行儲存，在平時，多對健康進行投入，不要一味的為了追求物質上的享受，而以健康作為交換的籌碼，這是得不償失的糊塗行為。健康是人生的第一財富，有了健康，我們的人生才能充滿陽光，才有機會去享受人生的美麗。

生活習慣影響健康

　　健康對我們是至關重要的，有了它，我們才能享受生命的美麗，有了它，我們才能分享生活的精彩。追求健康已成為人們生活的主題，一些與健康息息相關的生活習慣，也被人們挖掘出來，引起人們越來越多的關注。

　　飲食、起居與人體的健康關係亦很密切，在《黃帝內經・素問・上古天真論》有「飲食有節，起居有常，不妄作勞，故能形與神俱，而盡終其天年，度百歲乃去。」又說：「以酒為漿，以妄為常，醉以入房，以欲竭其精，以耗散其真，不知持滿，不時御神，務快其心，逆於生樂，起居無節，故半百而衰也。」人們日常的飲食起居，這些再平常不過的一些生活習慣，都能對我們的健康產生深遠的影響。

　　《黃帝內經》關於養生保精、保氣、保神方面，總是反覆強調它對於壽命的長短至關重要。從這一段話也可看出這個問題，它說明了飲食起居等生活方面需要保持一定的規律，才能使身體健康。如果生活失常，縱情酒色等因素是導致疾病和早衰的根源所在。也就是說，健康的良好狀態是指人的身體上、精神上、情感上、信仰上、社會環境和生活規律上的狀況良好，這些綜合因素放在一起，才能真正表達出健康的內涵。

　　健康養生是中華民族文化瑰寶的重要組成部分。大思想家、教育家孔子不僅在這方面多有論述，而且身體力行，在當時物質醫療條件都十分落後的條件下，他能活到73歲，可算得上是「古來稀」了。他的養生之道主要是動靜結合，生活有節。具體表現為：

＊　保持精神樂觀。

＊　重視體育鍛鍊。

＊ 講究飲食衛生。

＊ 堅持生活有節。

　　隨著時間的推移，現代文明使人們的物質生活大為改善，這也許是古人們不曾估算到的。但是，物質生活的優裕，醫療水準的提高，並不等於你能擁有健康。現在人類正遭受著新的環境問題引發的各種疾病和死亡的考驗，我們必須足夠重視自身的健康問題，養成良好的生活習慣是守護健康的重要前提。

　　世界衛生組織前不久公布一份研究報告顯示，工業化國家將有75%的人死於與生活方式有關的疾病，如癌症、心血管疾病、呼吸系統疾病等。在開發中國家，導致死亡的原因不僅僅是傳染病和遺傳病，而且還有與生活不良習慣有關的疾病，如吸菸、肥胖、缺乏運動、精神緊張和吃不清潔的食品。不良生活習慣導致疾病已經成為影響健康的第一大問題。

　　科學研究發現，有10種生活不良習性或習慣最有害於健康：

＊ 嗜菸如命。

＊ 心胸極度狹窄，嫉妒成性、動不動大發脾氣，極具報復心。

＊ 經常酗酒。

＊ 個人生活規律無常，根本不講養生之道。

＊ 有一點小毛病，就吃藥，一年裡打針吃藥不計其數。

＊ 有了毛病硬撐，不診治，聽之任之。

＊ 性生活無節制，縱欲過度。

＊ 整天心神憂鬱不振，悶悶不樂或悲喜過度，對任何事情都不感興趣。

＊ 沒有一個朋友。

＊ 從不參加任何體育活動。

第五章　贏在健康—替人生守住重要的關卡

　　可見，養成一個好的生活習慣是健康的前提條件之一。這也說明健康掌握在自己手中，雖然人的健康是由先天遺傳因素與後天生活方式共同決定的，但某種長期的行為方式，會使遺傳因素變質。這需要人用堅強的意志和毅力，改掉陋習，培養起符合科學規律和自身情況的生活習慣。勇於並善於與命運抗爭。古人云「我命在我不在天」就是這個道理。恩格斯（Friedrich Engels）曾說過：「生命也是存在於物質過程中的不斷的自行產生並自行解決的矛盾，這一矛盾一停止，生命亦即停止，於是死亡就到來了。」所以，要想有一個健康的體魄，就要自愛自立，激發自身內部的積極度。

　　調整心理狀態並保持積極、樂觀。廣泛的興趣愛好，會使人受益無窮，不僅可以修身養性，而且能夠輔助治療一些心理疾病。正確認識壓力，把壓力看成是生活不可分割的一部分，學會適度減壓，以保證健康、良好的心境，及時調整生活規律，勞逸結合，保證充足睡眠；適度勞逸是健康之母，人體生理時鐘正常運轉是健康保證，而生理時鐘「出錯」便是變得不健康的開始。增加戶外體育鍛鍊活動，每天保證一定運動量；現代人熱衷於都市生活忙於事業，身體鍛鍊的時間越來越少。加強自我運動可以提高人體對疾病的抵抗能力。

　　戒菸限酒。醫學證明，吸菸時人體血管容易發生痙攣，局部器官血液供應減少，營養素和氧氣供給減少，尤其是呼吸道黏膜得不到氧氣和養料供給，抗病能力也就隨之下降。少酒有益健康，嗜酒、醉酒、酗酒會削減人體免疫功能，必須嚴格限制。在平時注意養成良好習慣，就可以讓你離健康近一些。

　　健康有其規律性。世間萬事萬物，都有其內在不可抗拒的規律。如地球圍繞太陽公轉，緣於兩者適度的距離，適度的引力場，適度的質能轉換

比例，再如，樹木花草的各種對稱，動物身體的左右對稱，無論直立著的挺拔粗壯，還是運動中的敏捷矯健，都處於力的平衡和協調中。細細分析，原來簡單的，或複雜的生命都共同遵循著在短和長的不斷變化中，保持對稱與平衡的規則。可見，適度、對稱與平衡就成了宇宙間的重要法則。正因為地球在宇宙的適度位置，才形成了它適宜生命存在的大氣、泥土和水，成為孕育生命的搖籃。而生命的整體則在對稱和平衡的框架內保持著動態的和諧，人作為地球上一個獨立物體，也是一個架構複雜高智慧系統，人的生存、發展也必須遵循適度、平衡等自然法則。否則，「物競天擇，適者生存」的自然法則也將會把人送往另一個世界。

　　長期以來，人們對於這些自然法則自覺或不自覺的遵守著，因而，保證了社會的發展、種族的延續。當然，如果人們都自覺運用這些規律指導生活，那麼，人類整體的健康水準會有一個大的提高。遵循養生之道，就得在生活方面要多加注意，建立起自我保健、良好的生活方式和習慣，你就能夠遠離疾病，獲得健康、長壽、幸福。

▌不能忽視的精神健康

　　生活是一柄雙刃劍，我們總是把擁有物質的多少、外表形象的好壞看得過於重要，用金錢、精力和時間去換取一種有目共睹的優越生活和無懈可擊的外表，卻沒有察覺自己的內在精神在一天天的枯萎，這樣做是否值得，很多人對此提出了疑問。

　　人們常常把財富等同於幸福，他們告訴自己：等我有了錢，我就幸福了，所以去努力賺錢吧！可是不曾料想，等到自己真的有了錢之後，卻發現自己不但根本主宰不了錢，反而被錢所控制了。錢變成了一種負擔，限

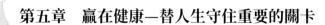

制了自己的生活，使自己不能再仰望天空，從此自己的眼睛永遠只能注視著地面，失去了選擇的自由，不能一身輕鬆的上路。因此財富有時候使人感受到的是壓力，而不是快樂。精神世界的健康才是最重要的，物質貧窮並不可怕，可怕的是精神世界也一貧如洗。其實，在我們的生活中，真正快樂的人並不是那些揮金如土的富豪，往往是那些「窮並快樂著」的人們。

有一個農夫，他終日在自己的土地上辛勤的耕耘著，日出而作，日落而息，雖然生活並不富裕，但是不愁溫飽，日子倒也快樂無憂。可是有天晚上，他夢見自己得到了 18 個金羅漢，他從笑聲中醒來後，並沒有把這件事放在心上。

可是不曾想到的是，第二天，他在耕地的時候，竟然真的挖出了一個價值連城的金羅漢，他的妻子和兒女們都興奮不已。可他卻一直悶悶不樂，整天心事重重，家人問他為什麼腰纏萬貫了，反而不高興了呢？他回答說：「我整天都在絞盡腦汁的想，另外 17 個金羅漢到底在哪裡呢？」

得到了一個金羅漢，卻失去了生活的快樂，有時真正的快樂的確與金錢無關。「人為財死，鳥為食亡」，把錢財看得過重，一個人的精神就會承受重大的壓力，如果因私欲而貪心，將個人欲望無限度的延伸，在前進的過程中就必然會碰得頭破血流；一個人如果正確的對待自己的需求和欲望，正確的處理自己的情感、欲望和現實的矛盾，注重對此進行合理調節，就能夠感受到最大的快樂。同時，我們完全有理由這樣說：「知足，不失為幸福快樂之本。」

擁有不被金錢所奴役，保持一顆不被銅臭所玷汙的心，才能永遠與快樂同行。否則，對金錢和財富的貪婪會讓我們墮入痛苦的深淵。欲望是無止境的，我們有著太多的需求，面對著太多的誘惑。然而，在我們滿足欲望的同時，也會相對的迷失自我，並產生一種錯覺，認為財富和地位就代

表了自己的一切。可是當所有的一切都失去時，我們的精神就會驚慌失措，無所依靠，學會在精神上控制自己的欲望，才能避免成為欲望的奴隸。精神上的健康是快樂的來源，有了它，我們的人生才能被幸福和快樂所包圍。

我們現在和出生時已截然不同了。出生時，我們一無所有，但年復一年，我們已開始承擔起各種責任，被工作的壓力壓得喘不過氣來。同時，我們也被各種欲望所折磨著。如果我們的欲求總是不著邊際，我們便永遠得不到它，我們便會無止境的追求它，直到我們筋疲力盡的那一天。從這種意義上來說，這種生活已不再是一種樂趣，而是一種折磨了。所以，從今天起，卸下你沉重的包袱吧，用嶄新的眼光來重新正視你自己。

生活的重擔壓得很多人無法呼吸，適當的拋棄一些欲望，減輕精神負擔，精神健康了，我們整個人才能看清未來的方向，有了方向，才能真正體會到人生的意義和價值。

對健康灰色狀態保持警惕

現代社會，人們的精神壓力很大，很多人的身心一直處在健康灰色狀態，這是一種處在生病與健康之間的形態。這種形態，容易讓很多人忽視自己的健康，從而最終導致疾病的爆發。健康灰色狀態是一種特殊的存在，我們知道，任何疾病的產生都不是無緣無故的，健康狀態不佳也是如此，引起健康灰色狀態的原因很多，歸納起來大致有以下幾種：

(1) 情志不同

根據中醫理論，喜、怒、憂、思、悲、恐、驚等七情是造成疾病的原因，健康灰色狀態首先是在情緒方面有改變，許多人由於工作壓力、生活

煩惱，造成自己很難控制情緒，對一些工作和生活中的小事發火，久而久之，出現內分泌系統紊亂，人體的平衡被打亂，從而引發疾病。

(2) 工作壓力過大

　　由於社會的高速發展，競爭的日益激烈，對於工作的要求越來越高，所以許多人在工作中肩負著很大的壓力。當人體在壓力面前，為了適應這一狀態，身體必須要調整自己的內分泌、神經系統，但這種調整是有限的、暫時的，長期過度的工作和生活壓力，勢必打破人體長久以來的系統平衡狀態，而出現情緒低落、易疲勞、失眠、無力等慢性疲勞症候群的症狀，也就是處於健康灰色狀態。

(3) 休息不足

　　睡眠不足或睡眠品質太差是造成健康灰色狀態的主要問題。人的大腦功能是存在區域劃分的，大腦的某一部位對應於人體的某一功能，當我們長期處於一種工作狀態時，大腦對應的功能區域也長期處於一種工作狀態，將引起該區域功能下降，所以，在工作中我們常常強調輪流交替工作，這有利於大腦的休息，也有利於大腦的健康。

(4) 飲食不合理

　　飲食是保證身體健康工作的基礎，合理膳食不僅能保證我們每天的能量需求，而且還可以影響我們身體代謝功能。一般說人體需要蛋白質、脂肪、糖這三大物質，再加上維生素、微量元素，就能夠正常運轉。這些營養物質到達身體後，必須經過人體的轉化、利用、儲藏，當我們攝入的營養物質過多，超出了人體的處理能力，勢必引起人體的代謝異常，出現高血脂、高血壓、脂肪肝，所謂的代謝症候群。這種代謝症候群的發生是一

個漫長漸進的過程,它發展的第一步就是使人體從健康到健康灰色狀態,如果不注意飲食的節制很容易誘發健康問題。

(5) 運動不足

運動是人體生理機能得以平衡的重要因素。由於現代生活,交通工具的發達,各種自動化設施的普及,人們的活動越來越少,新陳代謝慢,身體機能下降,健康灰色狀態的一個重要原因就是運動不足。

(6) 不良的生活環境

環境汙染也成為健康的一大殺手。目前我們處在一個充滿電磁輻射、空氣汙染、噪音汙染、甚至視覺汙染的環境中,毫無疑問,這也是造成健康灰色狀態的一大因素。

(7) 空間狹小

科技發展、工業進步、車輛增多、人口增加,使很多居住在城市的人群生存空間狹小,備受噪音干擾,對人體的心血管系統和神經系統產生很多不良影響,使人煩躁、心情鬱悶。

此外,高層建築林立,房間封閉,一年四季使用空調,長期處於這種環境中,空氣中的負氧離子濃度較低,使血液中氧濃度降低,組織細胞對氧的利用降低,影響組織細胞正常的生理功能。因此,住在高樓層的人們要經常到地面上走走,使用空調時,要及時換氣。

(8) 逆時而作

人體在進化過程中形成了固有的生命運動規律 —— 即「生理時鐘」,它維持著生命運動過程氣血運行和新陳代謝的規律。逆時而作,就會破壞這種規律,影響人體正常的新陳代謝。

　　消除健康灰色狀態要從自身做起，注意一些小的細節，從身心兩方面入手，防止健康灰色狀態的侵入。為了你的健康，請遠離這些不利於健康的因素吧，讓你工作起來更輕鬆，讓你的生活品質更高，讓你的生命更有活力。

　　健康灰色狀態是一種臨界狀態。處於健康灰色狀態的人，雖然沒有明確的疾病，但卻出現精神活力和適應能力的下降，如果這種狀態不能得到及時的糾正，非常容易引起身心疾病。健康灰色狀態是大多數慢性非傳染性疾病的疾病前狀態，大多數惡性腫瘤、心腦血管疾病和糖尿病等均是從健康灰色狀態人群轉入的。一個長期處於健康灰色狀態的人，他的工作效能、生活、學習品質都有明顯的下降，多數健康灰色狀態與生理時鐘紊亂構成因果關係，直接影響睡眠品質，加重身心疲勞。更為嚴重的健康灰色狀態能明顯影響人的壽命。因此，走出健康灰色狀態是健康人生當中的最重要一步。

▎生命在於運動

　　曾有一種說法：「你想變得健康嗎？你就跑步吧。你想變得聰明嗎？你就跑步吧。你想變得美麗嗎？你就跑步吧。」由此可見，運動是自然界一切動物生存之道、長壽之道，要想健康長壽就讓自己「動」起來。

　　運動是自然界一切動物生存之道、長壽之道。動物學家發現，大象在野外生活可活到200歲，一旦被俘獲，關進動物園，儘管生活環境比野外好得多，卻活不到80歲。野兔平均可活15年，而自幼養在籠內過著「優越」生活的家兔，平均壽命才4～5年。野豬的壽命也比家豬長一倍。那麼，為什麼野生動物比飼養動物壽命長呢？重要的一個原因是野生動物為了尋食、自衛、避敵、擺脫惡劣氣候的侵害，經常要東奔西跑，身體得到

了很好的鍛鍊。這樣一代一代傳下去，體質變得越來越好，壽命自然比飼養動物長了。

由此可見，運動是健康長壽的不二法則，讓我們讀一則故事。

森林裡有狼有鹿，為了保護鹿，獵人就把狼消滅了，認為這樣就把鹿保住了。哪知道適得其反，幾年以後，鹿因為沒有狼，吃飽就躺在草地上休息晒太陽，結果鹿變得胖起來了，變成胖鹿，脂肪肝、冠心病、高血壓、自身疾病越來越多，結果鹿群越來越少，快要到自己消滅、自動絕種了。怎麼辦？最好的方法是把狼請回來，放在樹林裡，狼一來就吃鹿，鹿就得跑，狼追鹿跑，在這樣的過程中，鹿鍛鍊了身體。所以離開運動的鹿死得更快，有了狼的追殺，鹿反而活得更好！自然界就是如此奇妙，就是在這樣相互競爭中，各自得到提高。

從以上故事中可以看出，運動是自然界一切動物生存之道，長壽之道，同樣，人也是如此。經常參加體育運動鍛鍊的人，壽命就長。這說明一個道理：運動是一切動物健康長壽之本。

生命在於運動。運動是人類身體健康的重要原因之一。古人曰：「動則不衰。」這就是說，只有活動起來，才能很好的保養生命，達到養生長壽的目的。

為什麼說「體勤方能養生」？由於在勞動中，能夠使四肢勤於活動，血液流動加快，不僅能夠鍛鍊人的心臟，而且還可以促進肌肉發達，使人體的各種機能得到強化，新陳代謝也可以加快。所以愛勞動者大都身體健壯。因此有詩曰：「奮身田野間，襟帶忽以散，乃知四體勤，無衣亦自暖。」

南宋愛國詩人陸游，一生勤於勞作，養生有道，86 歲高齡，仍才思敏捷，揮筆自如。他非常重視做家務勞動，提倡掃地健身法：「一帚常在旁，有暇即掃地，既省課童奴，亦以平血氣，按摩與導引，雖善亦多事，

第五章　贏在健康—替人生守住重要的關卡

不如掃地法，延年直差易。」陸游還有一種有趣的健身方式，就是每天和天真活潑的孩子們一同遊戲：「整書拂几當閒嬉，時與兒孫竹馬騎，故此小勞君會否？戶樞流水即吾師。」

華佗是與張仲景同時的醫家，他繼承了先秦《呂氏春秋》中的動則不衰之說，從理論上進一步闡述了動形養生的道理，如《三國志·華佗傳》中載其論云：「人體欲得勞動，但不當使極爾，動搖則穀氣得消，血脈流通，病不得生，譬如戶樞，終不朽也。」

華佗對導引健身術十分重視，在繼承前人的基礎上，總結歸納為模仿虎、鷹、熊、狼、鳥五種動物動作的導引法，稱之為「五禽戲」。方法簡便，行之有效，大大促進了健身的發展。在實踐中，華佗首創「五禽戲」的運動方法，成為體育健身運動的先驅。繼後有孫思邈、王壽等提出了各種運動鍛鍊方法為運動產生發展做出了重大貢獻。下面的例子可以告訴我們運動對生命的重要性。

一位馬拉松長跑運動員，心臟功能和年輕人一樣，當他 82 歲的時候，還能用不到兩小時跑完 21 公里長的路程。他由於身體的新陳代謝良好，平時不怕冷，所以也很少感冒。而與之相反，那些缺乏運動的人往往疾病纏身。某女士退休後，這就實現了她的願望，因為她早就盼著能歇下來，巴不得什麼都不做，那才舒服。不到一年她胖了兩圈，體重增到 89 公斤，行動緩慢，越來越不愛動，反應遲鈍，而且老覺得渾身累，一查得了三種病：冠心病、血脂異常症、高血壓。醫生說這都是飲食和不喜歡運動而導致的。

18 世紀法國哲學家伏爾泰（Voltaire）提出的著名論斷，生命運動是高級的物質運動形式。經常運動可以保持體力不衰，適當用腦可以保持腦力不衰。「流水不腐，戶樞不蠹」，運動（體力的和腦力的）是延緩衰

老、防病抗病、延年益壽的重要方法。遺憾的是，現代人很少有人願意或很難抽出時間運動，即使每天做一些運動，也只是我們看得見的骨骼肌在運動，難怪 10 個就有 8 個人會回答：「我連睡覺都沒時間，哪來的時間運動？」這種想法只會為我們的健康埋下隱患。喜歡運動的人都知道，適當的運動，可以讓人身心都感到愉悅。整個人充滿活力，能夠在運動中獲取前進的力量。

學會休息，讓身心放個假

　　承擔事業責任是人類與生俱來的基本需求，只注重事業成功，為工作失去生活，這是得不償失的，我們應該更多的關心自己，找回真實的生活。工作在職場快節奏中的都市上班族們，他們在職業生活裡奔跑，為了不遲到，他們步履匆匆；為了趕時間，他們在速食店裡狼吞虎嚥；為了提升自己，「充電」學習進速成班；為了工作，為了家庭……他們每天都在跟時針、分針甚至秒針賽跑，到頭來有些人為了擔承事業的重任，而把生活拒之千里之外……健康更成為一種奢侈。

　　小王是一個十分敬業的主管，差不多每天都是馬拉松式的工作著。不但他個人如此，甚至要求下屬，和他一起共同打拚。其中一個叫小張的下屬，也是抱著「工作就是生活的全部」這種態度。這樣的工作方式讓他們獲得了很大的成就，但也讓小張感到很累，他一直以為這就是生活，然而有一日，小張的兒子跌傷了腳，這皮外傷固然不礙事，問題就出在兒子對他的態度猶如陌生人，若即若離。這種陌生感讓小張受到很大打擊，他發現原來自己以前對生活的理解是錯誤的。這種錯誤，讓自己感到很累的同時，也讓家人感到疲憊。為了改變這一現狀，他和上司小王商議，尋求解

決之道。雙方協商後提出：「以工作品質來評價我的能力，而不是以我逗留在辦公室的時間作為表現的準則。」在這個原則下，小張有了個人的空間，有時間來改善父子關係，同時，也可以趁機讓自己的身心放個假。

這件事告訴我們一個道理：工作是我們生活的一部分，但不是全部，一個人要會工作的同時，也要會休息。除了工作，生活中還有很多需要我們花時間和心思去處理的事情，學會休息，讓身心放個假是十分必要的。

我們生活在一個壓力極大的社會環境中，為了生活，為了生存，我們承擔起繁重的責任，比如社會責任、事業的責任、家庭責任，我們拚命的工作，但在實際上，不管我們有意或無意、主動或被動，工作幾乎成了生活的唯一內容和支柱。一旦失去了工作，我們不僅會在物質上垮掉，同時也會在精神上垮掉。而在工作中，由於各種原因，又會使我們時時感受難以解脫的束縛，遭受無法避免的挫折，從而體驗到深刻的無力感與無奈。

很多人既想在工作上做出一番令人刮目相看的成就，又想過著自在愜意的生活。可是，結果總是兩頭不討好，往往得到了這個，失去了那個。為什麼會如此呢？原因很可能出在把工作與生活混為一談。其實，工作就是工作，生活就是生活，如果錯把謀生的工具當成人生的目標，而且太把它當成一回事，就會把自己弄得一團亂。

我們要知道，工作和生活，兩者應該盡可能的區分開來，工作與生活是兩回事，應該用兩種不同的態度來看待。工作上，你演的只是職務的角色；而回到真實生活裡，你要演的才是你自己。

約翰藍儂（John Lennon）說：「當我們正在為生活疲於奔命的時候，生活已經離我們而去。」生活沉重是我們更多的運用了加法，不妨運用一下減法來生活，你會更輕鬆。

有這樣一個人，他覺得生活很沉重，便去見哲人，尋求解脫之法。哲

人給他一個簍子背在肩上，指著一條沙礫路說：「你每走一步就撿一塊石頭放進去，看看有什麼感覺？」那人照哲人說的去做了，哲人便到路的另一頭等他。過了一會，那人走到了另一頭，哲人問有什麼感覺？那人說：「覺得越來越沉重。」哲人說：「這也就是你為什麼感覺生活越來越沉重的道理。當我們來到這個世界上時，我們每人都背著一個空簍子，然而我們每走一步都要從這世界撿一樣東西放進去，所以才有了越走越累的感覺。」

那人問：「有什麼辦法可以減輕這沉重嗎？」

哲人問：「那麼你願意把工作、愛情、家庭、友誼哪一樣拿出來呢？」那人不語。

哲人說：「我們每個人的簍子裡裝的不僅僅是精心從這個世界上尋找來的東西，還有責任。」

生活就是這樣，你要想在簍子裡多裝東西，就得比別人更辛苦，就要付出更多的責任。人生，本來就是一次旅行。只不過這趟旅行，只有起點，沒有回程。因此，只有放慢腳步，才能品嘗人生。

走，是為了到達另一個境界；停，是為了欣賞人生。我們不必把每天都安排得很緊湊，總要留下一點空間，來欣賞一下四周的美景。

無休止的快節奏為執著的追夢人帶來豐厚的物質回報的同時，也為他們帶來了心靈的焦灼，精神的疲憊，以及健康的每況愈下。這些和時間賽跑的疲於奔命的「快」，已使自己迷失了生活方向，使自己離健康幸福的生活越來越遠，我們不妨讓自己慢下來，我們靜下心來讀一些書籍，喝一杯淡雅的茶，與朋友交談一下；推掉一些可放棄的應酬早早回家；開始把週末留給家人、朋友間的團聚……開始慢運動，慢慢吃，慢慢讀，慢慢思考……

所有的「慢生活」與個人資產的多少並沒有多大關係，只需要有平靜與從容的心態。其實，真的不必等到實現了夢想，完成了責任才開始休息，如果你一定要執著的抱著這個想法，你永遠等不到那一天，你恐怕要抱恨終身了。如果你真的珍惜生命，奉勸你從現在開始，堅決摒棄這種「快」的工作方式。學會愛惜自己，讓身心放個假，找回健康充滿活力的人生，是我們眼下最需要解決的事情。

不拿健康換金錢

金錢、名利都是身外之物，都是我們生命中的雜草，它時時侵蝕著我們的思想，我們的行動，搞亂我們的生活。我們要對這些雜物進行定時清理，這樣做便可以回到內心深處，諦聽自己的生命節奏，去關心自己，注意自己的身心健康。不要一味的為了工作，為了事業、為了金錢、為了名利，而用自己的身體去換，這是一種本末倒置的愚蠢做法。

下面這個故事就是一個很好的說明。

歷史上有一位偉大的國王亞歷山大，當時他征服了許多王國，在勝利返回的途中，突然病倒了。此刻，占領的土地、強大的軍隊、鋒利的寶劍和所有的財富對他來說都毫無意義，他明白死神很快會降臨，而他已無法回到家園。

於是，他對將士們說：「在不久的將來，我會離開這個世界，但我有三個遺願，你們要完全按我說的去執行。」將士們含著淚答應了。

亞歷山大慢慢的說：「第一個遺願是，我的棺材必須由我的醫生獨自運回去。」他喘了口氣，接著說道，「第二，當我的棺材運向墳墓時，通往墓園的道路要撒滿我寶庫裡的金子、銀子和寶石。」亞歷山大裹了裹毛

氈，休息了片刻，繼續說，「最後一個遺願是把我的雙手放在棺材外面。」聚集在他身邊的人都很好奇，但沒人敢問為什麼。

這時，有一位亞歷山大最寵信的將軍吻了吻他的手說：「陛下，我們一定會按您的吩咐去做，但您能告訴我們為什麼要這麼做嗎？」

最後，亞歷山大深深的吸了一口氣說道：「我想讓世人明白我剛學到的三個教訓：我讓醫生運載我的棺材，是要人們意識到醫生不可能真正的治療人們的任何疾病，面對死亡，他們也無能為力，我希望人們能夠懂得珍愛生命。第二個遺願是告訴人們不要像我一樣追求金錢，我花費了一生去追求財富，但很多時候卻是在浪費時間。第三個遺願是希望人們明白我是空著手來到這個世界，又是空著手離開這個世界的。」說完他閉上眼睛，停止了呼吸。

難道不是嗎？我們在一生當中，我們都在不斷的追求身外之物，追求著名、追求著利，有時我們想擁有的東西太多了，心思太複雜了，我們所擔負的責任太重了，因而煩惱不斷。

還記得嗎？我們小的時候，過著無憂無慮的生活，雖然沒有錢，沒有地位，也沒有愛情，但是真的什麼都不用想。做的都是喜歡做的事情。在我們開始慢慢長大後，我們逐漸的替自己增加責任：讀書責任、工作責任、家庭責任、社會責任，漸漸的卻發現自己已經不能做那些我們真的想做的事情了。而我們得到的卻並沒有為我們帶來快樂，帶來的只是負擔。壓得我們無法追求別的東西，無法輕鬆的面對自己真正的夢想。有的時候甚至就是無事一身閒的去喝半天茶，或是找個沒人認識的地方閒逛，似乎都是不可原諒的浪費。

其實，正是這種對名利的追求吞噬著我們的快樂，侵蝕著我們的健康，成功、名利、金錢、權貴，都是身外之物，只有生命才是最真實的。

大多數人似乎都不能真正選擇是要錢還是要命。為錢拚命工作占去所有清醒時刻，只餘下微不足道的少許時間來追尋生命的意義。

　　有些商人、有些老闆，為了事業，他們忙得沒有時間與家人相處，忙得沒有時間關愛自己，連身體發出警訊提醒時，也因為太忙而被不經意的忽略，直到倒下來後才終於發出感嘆：「以前拚命去賺錢，現在拿錢來買命。犧牲自己的健康太不值得，身體一旦垮掉，沒有了健康，什麼成就，什麼名聲，什麼財富，全部都是一場空！」這就是一部分商人的生命常態，終日忙於賺錢，雖然腰纏萬貫，但卻失去了享受生活的機會，失去了健康，甚至失去了生命。

　　美國最胖的好萊塢影星當屬利奧‧羅斯頓（Leo Rosten），1936 年，他因心肌衰竭被送進湯普森急救中心。搶救人員用了最好的藥，動用了最先進的設備，仍沒挽回他的生命。臨終前，羅斯頓曾絕望的喃喃自語：「你的身軀很龐大，而生命僅需要的是一顆極小的心臟！」院長深深的被觸動了，身為胸外科專家，他流下了淚。他讓人把羅斯頓的遺言刻在了醫院的大樓上，以提醒那些體重超常的人。

　　在西元 1880 年代初，一位叫默爾的石油大亨也是因心肌衰竭住進了醫院。生病原因是由於兩伊戰爭使他在美洲的 10 家公司陷入危機。為了擺脫困境，他不停的往來於歐亞之間，最後舊病復發，才入院。他在湯普森醫院包了一層樓，增設了五部電話和兩部傳真機。當時的報紙是這樣渲染的：湯普森 —— 美洲的石油中心。默爾的心臟手術很成功，他在這裡住了一個月就出院了。不過他沒留在美國。他在蘇格蘭鄉下有一棟別墅，是他 10 年前買下的，他在那裡住了下來。1998 年，湯普森醫院百年慶典，邀請他參加。記者問他為什麼賣掉自己的公司，他指了指醫院大樓上

的那一行金字說：「富裕和肥胖沒什麼兩樣，也不過是獲得超過自己需要的東西罷了。」

因此，我們在追求財富的過程中，應有一個尺度，要遵守一個基本的原則：「不拿健康換金錢！」身心健康不但是最寶貴的財富，而且，它也是能夠帶來大量財富的財富。

「壯志未酬身先死，常使英雄淚滿襟。」在承擔事業與社會責任的道路上，奮鬥是必要的，身體也是重要的。一定要保重身體，萬不可熬到精疲力竭，那樣你將會發現損失將無法彌補，拿健康換金錢的人是愚蠢的，懂得珍惜健康的人才能有所作為。

第五章　贏在健康—替人生守住重要的關卡

第六章
贏在處世 —— 做個眾星捧月的英雄

　　參與社會活動是人與人之間加強溝通和連結的重要手段，有了社交，人們才能讓自己的活動範圍不斷擴大。在社交中，我們更清楚的認識自己，同時，也結交了一些對我們有幫助的人。在當今社會，社交的力量被提升了前所未有的高度。

　　一個人可以做英雄，事事都親歷親為，但這樣的人不但活著累，還會讓其他人感到自己的存在可有可無。這種感覺，會讓很多人喪失做事的動力。學會社交，可以有效調度身邊的資源，讓這些資源有效的為自己服務，提高做事的效率，為成功鋪就過河的基石。

該糊塗時要糊塗

「難得糊塗」是做人的一種「智慧」，也是成功因素當中一種虛懷若谷的心態。在為人處世中，學會糊塗，才能更好的保護自己，糊塗也是有講究的，想要信手拈來，就須在背後下苦功。一個人只有學會「糊塗」，才能真正清醒，千萬不要小看糊塗的力量，它能化腐朽為神奇。懂糊塗的人，明白收斂鋒芒在處世當中的作用。裝糊塗成為一種自我保護的有效手法。

時光飛逝，歷史發展到今天，呈現出紛繁複雜、變化萬千的萬花筒般的景象。在這充滿神奇的大千世界裡，很多人處在愛情失敗的痛苦、事業未竟的悲哀、人際關係複雜的苦惱與管理無序的混亂之中，世界雖未走到盡頭，但失望、沮喪、痛苦的情緒卻籠罩了他們。於是乎，聰明的鄭板橋為世人指明了一條出路，「難得糊塗」這四個字將做人的智慧表現得淋漓盡致。從那時起，「糊塗經」的學問便廣為流傳，成為處世的寶典。

「難得糊塗」成了許多人的人生箴言、座右銘和行動指南。這種情況也許已經超出了鄭板橋「難得糊塗」四個字的含義，但卻清晰的折射出人們對這種處世方式的認同。現在，越來越多的人，都將糊塗看成是一種做人的智慧，一種豁達的心態。糊塗之人就真的是糊塗嗎？就如同世上許多事，本沒有必要搞那麼清楚，得過且過，偶爾糊塗一下又有什麼大礙呢？

然而，對於糊塗學這一古老命題的闡釋，可謂「百家爭鳴」、各有千秋。其實，糊塗學並非神祕的高深莫測的學問，可以說，它是人生隨處可見的學問，回望中國傳統文化，早已為我們解決了這個困惑，提供了各有側重而又相互貫通的答案。

道家說：「『無我』是糊塗。」
儒家說：「『限我』是糊塗。」

佛家說：「『忘我』是糊塗。」

兵家說：「『勝我』是糊塗。」

不同的人有不同的觀點，但糊塗卻都被放上了一定的高度，其實，糊塗還是來源於中國人根深蒂固的世界觀。人們一向認為混沌就是世界的本源。在東方，中國有盤古開闢天地之說，有夸父身化萬物之說，說明世界原本是混沌一片，無所謂天與地，亦無所謂有真假。現代科學也論證了，最初的地球上沒有空氣與生命，最原始的生命體在雷電中產生，在海洋中生存發展，爾後才進化成現在這樣的大千世界。

人類社會的發展也是從混沌空間走向明晰和精確：物理化學的縝密實驗和論證、數位邏輯的嚴密、儀器儀表的精確完美。但是就在這精確與嚴密中，人們發現了人生的蒼白與無奈，連人也成了一部精確的機器，凡事斤斤計較，凡事追求因果必然。過分追求精確，卻讓人們越來越苦惱，壓力越來越大。

一切都清楚明白使事實反而更加蒼白無力，反而，霧裡看花的效果才是最好的。在藝術審美中，所謂的「神祕」和「空靈」，所謂的「盡在不言中」，所謂的「不著一字，盡得風流」，正是模糊朦朧產生的強大效果。糊塗並不像大家想像的那樣，一個聰明人，他知道如何運用糊塗來保護自我。這種懂得裝糊塗的人，多本著「與人方便，自己方便」的原則。在現代社會當中，懂得裝糊塗的人是受人歡迎的，他們能夠運用糊塗來為對方解圍，讓對方產生一種知己的共鳴感。

追求精確是沒有止境的。研究物質組成，人們發現了分子；深究分子組成，又發現了原子；分析原子結構，又發現了電子和原子核。今後還會有人繼續研究下去，但世界是沒有極限的，這一特性讓人們猶如聞到香味而去追尋奶油一樣，無休止的追求下去，但每前進一步都將顯得更艱難，

付出極大的代價，人們如一架精密儀器在為了尋求精確而工作。

　　但是，什麼才是「精確」？這本身就很模糊。人們認知到「精確」的無限，於是轉而研究模糊，這反映了人類認知過程的重大轉變。混沌學、模糊理論產生了。人們高興的發現，精確遠不如模糊更符合事物的本源。而且這門科學亦開始應用於洗衣機、電腦資訊產業等領域，前景廣闊。

　　由此可見，天道人事，從終極意義而言，無不歸於混沌，歸於糊塗。人類的整體認知過程也是如此，包括世界本身恰似一螺旋：從混沌開始，歸於混沌，中間走過了數字和精確。科學正返樸歸真。

　　做人要學會難得糊塗，才會真正的清醒，才會有大氣度，才會清靜，才會有寬容之心。我們說的「難得糊塗」其實就是不糊塗。所以，「難得糊塗」也是做人的一種「智慧」，也是成功的一種虛懷若谷的心態。

　　仁者見仁，智者見智，每個人對於糊塗，都有不同的理解，每個人也會悟到不同的真諦。糊塗是大智若愚、寬懷忍讓；是寵辱不驚，是非心外；是與世無爭，寧靜致遠；是有所不為，而後有為；是不為物喜，不為己悲；是淡泊名利，知足常樂。總之，每個人對糊塗都有一種自己的見解，這種見解運用得當，則可以讓我們成為社交場中最受歡迎的人物。可以說，糊塗是為人處世的一件法寶，它能讓我們掌握住人生的方向。

閒言碎語就當耳邊風

正所謂「流言止於智者」，面對流言蜚語，你就要做一個「粗心」智者，要相信自己的眼睛和感覺，千萬不要被別人的話所打敗。我們每個人只要生存在這個世界上，就避免不了與各式各樣的人接觸，閒言碎語也會隨之而來。俗話說：「眾口鑠金，積毀銷骨。」閒言碎語也是有一定殺傷力的，至於效果如何，與一個人的心境有很大關係。心寬的人對這些於己不利的話，在聽過後，一笑置之，也許它們進了自己的耳朵，但是卻絕對不會進到自己的心裡。對一些心胸較窄的人而言，閒言碎語的力量便被無限放大，以致生活也變得陰暗起來。閒言碎語是避不開的，坦然面對才能真正讓謠言止步。

生活中有很多時候我們都要面對眾人的閒言碎語，也許他們是出於某種不好的目的，也許是他們的本性使然，但是這些流言如果我們聽了後相信，多多少少都會對我們產生一些影響。

世上喜歡傳播流言的長舌之人實在是太多了，他們永遠都有可以進行「造謠」的材料。某人的祕密、尷尬、成功、失敗等等不一而足，所有的一切都會被他們拿來品頭論足，這些閒言碎語不會帶給我們什麼有益的東西，只會動搖我們掌握自己命運的意志。所以，面對流言蜚語，你最好把他們的話都當成是一陣風吹過，不讓它在自己的心上留下任何痕跡。太過在乎，反而會讓自己陷入泥潭中，無法自拔。

一個有權有勢的男人愛上了一個家庭貧困的女人，他們是真心相愛的。男人身邊的一些女人開始有點打抱不平了，她們難以忍受本該屬於自己的男人落在了一個醜小鴨手裡。於是周圍開始有流言蜚語了，有的人說那個女人跟男人好不過是為了他錢包裡的鈔票，有的人說男人不過是想玩

玩，不可能真的跟那個女人好……版本越傳越多，也越來越誇張。

　　但是這對戀人從來都把那些不好的流言當成耳邊風。最後他們結婚了，婚後的生活非常幸福。這時候所有的人都不再說什麼了。閒言碎語只是一些人無聊的產物，不將它放在心上，它產生的作用便十分有限。

　　有人說：「每個人都是一個批評家。」當你追求自己的夢想並希望得到幫助的時候，這句話尤其顯得正確。總有許多善意的人希望保護你，使你遠離那些他們認為不現實的幻想。批評家們曾試圖打消很多不可阻擋的人的積極性，批評家們說這些人不夠資格，他們的想法是不會奏效的，他們的產品是不會有市場的。對於你的夢想能否實現，真正有影響的觀點是你自己的觀點。其他人消極的想法只是反映了他們自身相對於事情的侷限性，而不是你的侷限性。所有對消極的話語充耳不聞的「粗」人們，才能最終實現自己的目標。

　　一位中年人，對於現代社會的各種重大問題都有著自己的一套見解，但是每當自己的觀點受到嘲諷時，他便感到十分沮喪。為了使自己的每一句話和每一個行動都能為人所贊同，他花費了不少心思，他在社會交際中為了博得他人的歡心，甚至不惜時時改變自己的立場。

　　其實，我們不必太過在乎別人的看法，他們只能提意見，而不能最終做決定。但這個中年人卻十分在乎他人的反應，這些反應不僅決定著他的感情，還決定著他的思維和言語。總之，別人希望他怎麼樣，他就會怎麼樣。

　　人在生活中必然會遇到一些反對意見，這是現實，是我們為「生活」付出的代價，是一種完全無法避免的現象，但是做自己才是最重要的。

　　有一個當祕書的人，主管讓他看一篇報告寫得如何。他看過來來匯報，說：「我認為寫得還不錯。」主管搖了搖頭。祕書趕快說：「不過，也有一些問題。」主管又搖搖頭。祕書說：「問題也不算大。」主管又搖

搖頭。祕書說：「問題主要是寫得不太好，表達不清楚。」主管又搖搖頭。祕書說：「這些問題改改就會更好了。」主管還是搖頭。祕書說：「我建議打回這個報告。」這時主管說了：「這新襯衫的領子真不舒服。」瞧，事情本來很簡單，自己的一些猜測，卻讓事情複雜了。

　　一旦尋求讚許成為一種需求，做到實事求是幾乎就不可能了。如果我們感到非要受到誇獎不行，並常常做出這種表示，那就沒人會與你坦誠相見。同樣，我們不能明確的闡述自己在生活中的想法與感覺，我們會為迎合他人的觀點與喜好而放棄自我價值。

　　因此，別人的言談如果和我們的想法和意見相左，我們最好做個「粗人」，把他們的話當成耳邊風，因為別人的觀點不重要，重要的是我們想要什麼，我們覺得什麼最重要。

　　正所謂「流言止於智者」，面對漫天飛舞的流言蜚語，你就要做一個「粗心」智者，要相信自己的眼睛和感覺，千萬不要被別人的話所打敗。就像有一段話所說：「不要被他人的論斷束縛了自己前進的步伐。追隨我們的熱情，追隨我們的心靈，它們將帶我們去想要去的地方。」所以，無論是做人，還是做事，都不能被別人的流言蜚語干擾，失去自己前進的方向，對於那些流言，粗心放過，不失為一個非常好的方法。將閒言碎語放在一邊，以一個旁觀者的角度和心態，來平靜的對待這些無聊的閒談內容。一件事情，哪怕是最困難的事情，當我們真正放開的時候，會發現，原來事情並不像我們想像的那樣難以接受。

巧借東風，成就自己

　　諸葛亮是《三國演義》中智慧的代表，其中的一段「萬事俱備，只欠東風」的故事，更是將其有膽有識，才智過人的一面展現得淋漓盡致。巧借東風，讓諸葛亮成功退敵，現代社會，我們也要學會巧借東風來成就自己的事業。

　　這裡所謂的借東風，其實就是借助他人的力量，這一點對於成大事的人而言，是他們慣用的一種成功手法，一來這樣可以借力，二來這樣可以成勢。雖有狐假虎威之嫌，但卻能夠成事。有些時候在處理一些複雜的事情時，借用他人的力量，可以更妥善的將問題向好的方向引導。

　　現代社會中，經濟迅速發展，各行業、各部門之間的競爭非常殘酷，單靠一個人的能力是很難獲得事業的成功的。因此，必須借助別人的力量，才能獲得事業的成就和創造燦爛的人生。

　　有一位張老闆，就是善於借別人的力量為自己辦事的高手。

　　張老闆素有「巧手大亨」之稱，他看準了佛龕在日本市場的潛力，就召集公司員工進行分析，達成共識，使產品在日本市場一炮走紅，成為日本佛龕市場的龍頭。

　　公司為了經營的需求，在日本委託了代理銷售商，但一些富有眼光的日本商人看到經營這種佛龕有大利可圖，為了賺到更多的錢，就想繞過代理商這一關，直接從公司進貨。

　　張老闆仔細的考慮了這件事情。

　　從眼前利益來講，直接從廠方訂貨，就減少了許多中間環節，有利於廠方的銷售，然而卻破壞了與代理商之間的關係，同時佛龕在韓國也有相當大的生產能力，代理商如果背著自己，與韓國的生產廠家合作，豈不影

響本公司的利益嗎？

張老闆果斷的回絕了那些要求直接訂貨的日本朋友，並且把情況轉告給代理商，向代理商表示，公司在日本的業務全部由代理商處理，公司不透過其他管道向日本出口佛龕。

代理商聽後，很受感動，在佛龕的推銷和宣傳方面下了很大的工夫，在日本市場打出了「天下木雕第一家」的金字招牌，從而使張老闆公司的佛龕在日本市場上越站越穩。

一個人縱然是天才，也不可能是全能的。善借才能贏，所以一個人要想成就自己的事業，就必須養成既能夠利用自己的才智，又善於借助他人的能力和才幹的習慣。

現代社會已經進入了資訊時代，掌握了資訊，就等於掌握了市場，掌握了成功。資訊的閉塞，就可能使人貽誤良機，遺憾終生。廣泛的結交朋友，借助他人獲取自己所需的資訊，也是獲得事業成功的重要方法。

借別人的力量為自己辦事的最好方法是感情投資與真誠合作。在商品社會中，人們總是這樣認為：商場無情，人與人之間總是充滿你死我活、爾虞我詐的爭鬥。實際上並不是這樣的，人類畢竟是感情動物，感情是無可替代的。只要在社會上廣交朋友，善於用「情」，你就會獲得出乎意料的驚喜，獲得意想不到的收穫。運用他人之手，幫助我們完成自己的事業，這樣的人是聰明的。

亞麗是某工廠的一名失業女工，丈夫所在的工廠也不景氣，每月只能發 25,000 元，加上自己的失業補貼，月收入不足 40,000 元，可家裡還有兩個孩子上學，日子過得非常艱難。

政府為了解決失業職工再就業的問題，建了一個菜市場，鼓勵失業者進行自食其力的工作。

亞麗和丈夫一商量，借了錢，再加上家裡僅有的錢，租了一個菜攤，準備賣菜。

夫妻倆說做就做，亞麗跑上跑下，抱著批來的蔬菜，就像抱著自己的第一個兒子一樣，心裡喜滋滋的。

晚上一算帳，賺了些小錢，亞麗心裡不用說有多高興了。然而好景不長，由於這個位置太偏，人們買菜都不願跑這麼遠，於是菜市場就慢慢的冷清了。有時候，一天連一公斤菜也賣不出去，亞麗決定第二天就收攤，不再賣菜了。

第二天快收攤的時候，有一個黑黑的中年人，偶然路過這裡，買了五公斤番茄讓亞麗包裝好，他待會再來拿。可是亞麗守著攤什麼也沒賣，一連等了五天，這個人才終於又出現了，亞麗趕忙喊住他，給他番茄，可一看，番茄全壞了，於是亞麗拿出口袋裡僅有的錢，去外面買了五公斤番茄，交給了中年人。

中年人怔怔的看著李亞麗和空空的菜攤，好像明白了什麼，很感動的問她：「這幾天妳一直在等我？」

亞麗誠懇的點了點頭。

中年人略加思索，然後俐落的掏出紙筆，刷刷的在紙片上寫了幾筆，然後遞給亞麗說：「我是附近工廠的廚房主管，每天都到城裡買菜，往後妳就照這個單子每天送菜給工廠吧！」

亞麗驚喜的接過紙片。從此，亞麗每天就按時送菜給工廠，擺脫了生活的困境，生活經濟狀況慢慢好起來。就是這樣一個意外，讓亞麗走出了困境。這也成為借他人之力的最有力的佐證。

借力辦事，雖說借的是別人之力，但發揮關鍵作用的還是自己，只有自己敢借、會借、善借他人之力，才能「借」來光明，「借」來成功，

「借」來人生的一個新天地。當我們將自身的能力提高後,借用外力,來鋪就我們的成功之路。

把喜怒哀樂藏在「口袋」裡

通常情況下,在任何情況下都不改變臉色的人,特別是遇到不順心的事仍能鎮靜自若的人,往往是社交場中最受歡迎的人。不順心對我們來說是天大的事,而對別人很可能無所謂,根本就不值得一提。既然沒有人會關心我們的心情如何,那麼有誰願意看你拉得長長的臉呢?在人際互動中,把喜怒哀樂藏在口袋裡,是表現出色社交的手法。

人畢竟是感情動物,真正能做到始終保持自然的神態,喜怒不形於色的人,往往是厚黑術極高之人,也是很可怕的人。當然,要真正做到深藏不露,喜怒不形於色,絕非易事,特別是對年輕人來說,更是極難做到。但只要我們想做,並不是不可能做到。每天起床後,或睡覺之前,對自己說一句「我絕不表現出不耐煩的臉色」,以此警惕自己。或者是在日記上,仔細的寫出來,要每天持續不斷的做。或許我們每天都會碰上令人生氣或不愉快的事,但若每天都動怒,則會讓精神受到傷害。因此,學會控制情緒是十分必要的。

現在不是許多人患上了「疲勞症候群」嗎?這種人除了工作壓力大之外,很可能是在工作時常常變臉色的緣故。曾有人說:「經營者是孤獨的。」按照現代人的觀點來看,豈止是經營者,本來人就是孤獨的,但卻離不開團體,因此在與他人相處時,一定要深藏不露,好好的保護自己,喜怒不形於色,否則會更加痛苦,孤獨的活著。

這個世界上任何人都靠不住,唯一能夠依靠的人是我們自己。將自己

的一切交到別人手上，別人摔跤時，我們必然也要跟著跌倒。因為，無論我們如何愛我們的父母、妻兒以及朋友等，他們頂多可以陪伴我們、幫助我們，卻無法成為我們。要相信自己，我們在這個社會上是無可替代的。千萬不要妄想別人無限量的幫助我們，這種想法是天真且不切實際的。除非自己做自己的事，別無他法。所以，自己在心裡一定要這樣想：「今天一天，我都不露出不悅的臉色。」

　　凡是自己本身的事，別人幫不上忙時，我們要努力不讓外界的事改變自己的心情，唯有如此，才能真正做到冷靜平和，而這種心態，對處理事情是有很大幫助的。當然，令我們不悅的事很多，有時難免會在臉上表現出來。試想一下，如果我們高興時就露出笑臉，心情不佳時就擺上臭臉，誰又能與我們很好的相處呢？但是若有不愉快的事，即使自己受了委屈，仍不形於色，別人也許做不到這一點，但我們做到了，在調節人際關係的同時，更能讓更多的人對你豎起大拇指。同時，這也是我們社交水準提高的一個象徵。

　　喜怒不形於色，是為了變成一個無縫的「蛋」，只有這樣，才能避免受蒼蠅的叮咬。這樣做人並不是卑躬屈膝，裝出笑臉，也不是為了奉承上級，強露笑齒，而是始終保持自然的神態，做到不受外物所影響。要做到這一點，需要一定的知識和閱歷，剛剛進入社會還不成熟的人是很難做到的。經過社會的歷練，會讓我們更懂得如何保護自己。

　　把喜怒哀樂由情緒中抽離，我們便可以理性、冷靜的看待它，思索它對我們的意義，進而訓練自己對喜怒哀樂的控制，做到該喜則喜，不該喜則絕不喜的地步。

　　西漢時的竇嬰，是孝文帝皇后哥哥的兒子。漢武帝建元二年，他被封為魏其侯，他喜歡蓄養賓客，天下的遊士都投奔他。但他有一個毛病，就

是無法掩藏自己的喜怒哀樂。

　　當時，桃哀侯劉舍被免去宰相的職務，皇上準備任用竇嬰，太后多次向皇上提出：「魏其侯喜歡沾沾自喜，行為不定，很難擔當得起宰相的責任。」皇上最終沒任他為相。這就是喜怒於形讓他人留下的印象，這種印象會對個人發展產生深遠影響。

　　唐太宗貞觀二年（西元 628 年），河南有個叫李好德的人有精神病，常亂說一些妖言，皇帝下令大理寺丞張蘊古去察訪此事。他察訪後上奏說李好德確實有病，而且有檢驗結果，應該抓起來。後來有人上書彈劾張蘊古，說他是相州人，而李好德的哥哥李厚德是相州刺史，所以說是張蘊古討好順從，考察之情也不會是實事求是。皇帝很生氣，下令把張蘊古殺了。後來得知張蘊古是冤枉的，皇帝為自己一怒之下殺人，暗地裡很後悔。

　　由於自己一時的怒氣，不詳細核實，不做認真仔細的調查，就草菅人命，唐太宗也太過於輕率了。這是不忍怒氣的後果。人一發怒，出於一時的激憤，做事就有可能過火，等到了解問題的嚴重性，為時已晚。就在同一年裡，又有一次，唐太宗因為瀛洲刺史盧祖尚文武雙全，廉直公正，徵召他進朝廷，告訴他：「交趾久久沒有得到適當的人去管理，現在需要你去鎮守。」盧祖尚行禮感謝後出來，不久就感到後悔，他託病推辭。皇上派杜如晦等人宣讀詔書，盧祖尚堅決推辭，皇上非常生氣的說：「我派人都派不出去，還怎麼處理政務？」便下令把他殺了，但很快又感到後悔。魏徵對他說：「齊文宣帝要任青州長史姚愷為光州刺史，姚愷不肯去。文宣帝氣憤的責備他，他回答說：『我先任大州的官職，只有功績並沒有犯罪，現在卻讓我擔任小州的官職，所以我不願意去。』文宣帝就饒了他的死罪。」唐太宗說：「盧祖尚雖然有失臣子的禮儀，我殺了他也太過分，由此看來，我還不如文宣帝呢。」馬上命令追復盧祖尚蔭庇子孫任官的權力。

　　唐太宗知道了自己因怒不忍，過於急躁，連殺兩位臣子的過錯，悔恨之意溢於言表。儘管他知錯能改，但畢竟有些事情是無法補救的。怒能造成嚴重的危害，古今中外許多人都下工夫去研究制怒的辦法。很多人發現制怒的唯一良方是忍。在一般情況下，人們應該抑制憤怒情緒的發作，以利自身健康，以利團結他人，以利相安和諧，以利國家社會安定，以利事業發展。縱觀天下成大事者均是喜怒不形於色之人，若一時氣怒，不僅傷身，還會為日後成大事設下重重「關卡」。

　　不管我們心裡有多大波濤在起伏，都不要表現出來，要藏在心裡。這樣做的原因有二：其一是我們心裡的事是自己的，讓別人來一同承受是不公平的。其二，我們都表現出來，人家會覺得我們太淺薄，什麼事都藏不住。嬰孩是一張白紙，想法單純，想到什麼就是什麼，人們只會覺得可愛，但如果成年人的想法也讓人一眼看透，那便不是可愛而是可憐了。

　　在生活中，喜怒不形於色的人是能夠成大事的。自古以來，凡是成功者很少有因外界的事物而亦喜亦憂的。當然，人有時候會高興，有時候不免憂愁，但千萬不要被情緒所左右。有高興的事，表現在臉上無妨，但悲哀的事就不要表現出來。因為將一切都表現在臉上，更會促使情緒強烈化，而不能忍受悲哀。如把憤恨表現在臉上，恨也會加倍。因此，成功立業之人，都會將喜怒藏在心裡。

　　當我們有不愉快的事，突然被上司看到，並因我們的不形於色感到奇怪，這時候，我們應該感到高興。因為上司會覺得：這個人遇到這種情況仍臉色不變，究竟此人是怎樣的一個人呢？這種人在別人眼裡是敬畏的對象，做到將喜怒哀樂藏在口袋裡，則可在複雜的人際場中，占據有利的主導地位。學會控制情緒，我們的路才會越走越順暢。

假痴不癲，以靜制動

　　精神和身體是難以分開的，對於一個凡人來說，精神無時無刻不在受著身體的擺布。但身為一個非凡的人，精神卻會凌駕於身體之上，假痴不癲這個詞很好的詮釋了精神的意義，很多有非凡成就的人，都能在關鍵時刻，用實際行動來發揮假痴不癲的力量。

　　明朝時，江西的寧王朱宸濠，陰謀造反奪權，招攬奇才異能之士為黨羽。朱宸濠很喜歡唐伯虎，派人拿一百兩金子到蘇州聘他來寧做官。

　　唐伯虎被安置在別館中，十分受款待。相處半年，伯虎見朱宸濠常做不合法的事，知道他以後一定會反叛，於是想辭職回鄉，卻又逃脫不得，不得已只好假裝瘋狂，每晚去妓院尋花問柳，痴痴癲癲如同色情狂，見丫鬟僕婦就追，在王府的妃嬪面前無端的哭，無端的笑，汙言穢語，不堪入耳。

　　朱宸濠知道此事後說：「誰說唐伯虎是個賢德之士，他只不過是個瘋子罷了！」無奈只好放他回家。幾年後，寧王造反，迅速被剿平，寧王死，那班被尊為上賓的名士都列為逆黨，無一倖免，只有唐伯虎及時詐癲扮傻，不受株連。

　　「假痴不癲」，從輕的角度說，是詐呆扮憒裝聾作啞；從重的方面說，就是苦肉計，要損抑自己意志，戕害自己身心，且不容易詐扮，非到最後關頭，是不會輕易嘗試的。一個充滿理智的人變成失去理性的瘋子，正常人想要做到這一點，不但要有高明的演技做支撐，還要承受極大的心理壓力，因此，能將「假痴不癲」的作用完全發揮出來的人，必是能忍他人所不能忍之人，而這樣的人往往會在自己所從事的領域脫穎而出。

　　唐伯虎除了詐癲扮傻外，還因為他與朱宸濠並無恩怨，才得以僥倖逃脫。再說一個強者一方必欲置另一方於死地的故事，這個故事將進一步說

明當人的生命危在旦夕時，詐癲扮傻幾乎是唯一逃脫死路的計謀，如果不能裝得完全像，徹底的扮作瘋狂，對手怎麼會放過他呢？這種處世方法雖然無奈，但卻能在關鍵時刻讓人走出困境，人生也會隨之柳暗花明。

戰國時，孫臏與龐涓同為鬼谷子弟子，共學兵法，曾有八拜之交，結為生死兄弟。龐涓為人刻薄寡恩，孫臏則忠厚謙遜。

龐涓求官魏國，拜為軍師，屢建奇功，名聲大振，顯赫一時，但他還忌著一個人，那就是曾發過誓「若有進身機會，必舉薦吾兄」的義兄孫臏。他認為孫臏有祖傳《孫子》十三篇，才能超越自己，一旦有機會便會壓倒自己，所以始終不予舉薦。

孫臏後得墨翟之薦，來到魏國。鬼谷子深通陰陽之術，算知孫臏之前途得失；但天機不可洩露，只把原名孫賓改為孫臏，並給予錦囊一個，吩咐不到萬分危急不得拆開。

魏王見了孫臏，即問兵法，孫臏對答如流，魏王大悅，想拜為副軍師，與龐涓同掌兵權。本來就不希望見到孫臏的龐涓說：「臣與孫臏，同窗結義，臏是臣的兄長，豈可以為副職？不如暫且拜為客卿，等有了功績，臣當讓位，甘居其下。」於是魏王拜孫臏為客卿。

從此，龐涓與孫臏頻相往來。龐涓心懷鬼胎，欲除義兄而後快，只想等孫臏傳授了兵法再下毒手。

不久，兩人擺演陣法，龐涓不及孫臏，就迫不及待陰謀陷害孫臏，他一面在魏王跟前說壞話，一面捏造證據，說孫臏私通賣國。魏王不由不信，聽從龐涓之言，將孫臏一對膝蓋削去，又用針刺成「私通賣國」四字，龐涓還貓哭老鼠，又是痛哭，又是敷藥，又是安慰。

對此，孫臏萬分感激龐涓。龐涓便讓孫臏把兵法寫出，孫臏慨然應允。直到一天，孫臏的近侍誠兒偶然聽說龐涓等孫臏寫完兵法便立即絕其

飲食之時，才恍然大悟。知道自己無論寫與不寫，生命都將危在旦夕，便立即拆開錦囊，只見有黃絹一幅，上寫「詐瘋魔」三字，方長嘆一聲決定依計而行。

晚飯送來了，孫臏正舉筷子，忽然撲到地上，作嘔吐狀，一會又大叫：「你為什麼要毒害我？」接著把飯盒推倒落地，把寫過的木簡向火焚燒，口裡喃喃謾罵，語無倫次。誠兒不知是詐，慌忙奔告龐涓。次日龐涓來看，見孫臏滿臉都是痰涎，伏地又哭又笑。龐涓問：「兄長為什麼又哭又笑呢？」孫臏答：「我笑魏王想害我性命，而不知我有十萬天兵保護；我哭的是魏國除我孫臏之外，無人可當大將。」說完，瞪眼盯住龐涓，又不停的叩頭，口叫：「鬼谷先生，你救我一命吧！」龐涓說：「我是龐涓，你認錯人了。」孫臏拉住他的衣袍，亂叫：「先生救我！」

龐涓回府，心中疑惑是孫臏裝瘋賣傻，想試探其真假，就命人把孫臏拖入豬欄。欄內糞穢狼藉，臭不可聞。孫臏披頭散髮，在屎尿中翻滾，有人送來酒食，說是瞞過軍師偷偷送來，孫臏心知其詐，便怒目大罵：「你又來毒我嗎？」把酒食推翻在地，使者順手拾起豬尿及臭泥塊給他，他卻抓住送到口裡吃了。龐涓得知，說：「他已經真狂了，不足為慮了。」從此對孫臏不加防範，任其出入，只派人跟蹤而已。

孫臏從此到處亂跑，行蹤無定，早出晚歸，仍以豬欄為室，有時整夜不歸，睡在街邊或荒屋中，撿食汙物，時笑時哭，看來是真瘋了。

後來，墨翟雲遊到了齊國，住在大臣田忌家裡，得知孫臏被迫害之事，便將孫臏之才及龐涓妒忌之事轉告田忌，兩人商定計謀，藉出使魏國的機會，令一侍從扮作孫臏，偷偷將孫臏接回。孫臏回到齊國，仍不出名不露面，後來齊魏交戰，孫臏大敗龐涓。齊魏之役，龐涓被孫臏軍隊射死於馬陵道。

「假痴不癲」是說扮作瘋狂呆傻，而且必須做到完全像，讓人看不出一點破綻，否則，在狡猾的、欲置自己於死地的對手面前，是難於蒙混過去的。在這個時候，幾乎沒有朋友，不能信賴任何人，必須自己背負重荷，逃離苦難，挽救生命，再以靜制動，徹底摧垮敵人。在為人處世中，這一計也是可以置之死地而後生的妙計，這是懂得收斂鋒芒的比較極端但卻行之有效的方法，有了它，在面對不利的境況時，我們便可以盡快脫身，從而走出於己不利的泥潭。

讓人三分不為懦

處世是一門高深的學問，高手遊刃有餘，弱者飛蛾撲火。在處世中，我們不必事事爭強，事事都是相對的，強者的地位雖然無人敢冒犯，但也無人敢親近。在很多人的心中，退讓是一種懦弱的行為，是無能的表現。然而，從處世的角度來看，退讓是一種君子的風度，俗話說：「若要好，大讓小。」對一些小事或意氣之爭聽而不聞，付之一笑，有這種氣度的人便具備了成大事的心胸。

有句話叫「宰相肚裡能撐船」，這是誇張的比喻，但同時，也說明一個人的心胸氣度對事業成功是有裨益的。張英就是這樣一位有心胸的宰相，正是這份心胸成就了有名的「六尺巷」。

康熙年間的某一天，一騎快馬跑進宰相府。並不是天下出了什麼大事，宰相張英收到一封來自安徽桐城老家的信。

原來，他們家與鄰居葉家發生了地界糾紛。兩家大院的宅地，都是祖上的產業，時間久遠了，本來就是一筆糊塗帳。想占便宜的人是不怕糊塗帳的，他們往往過分相信自己的鐵算盤。兩家的爭執頓起，公說公有理，

婆說婆有理，誰也不肯相讓一絲一毫。由於牽涉宰相大人，官府都不願沾惹是非，糾紛越鬧越大，張家只好把這件事告訴張英。

張英閱過來信，只是釋然一笑，旁邊的人面面相覷，莫名其妙。只見張大人拿起大筆，一首詩一揮而就。詩曰：「千里家書只為牆，讓他三尺又何妨。萬里長城今猶在，不見當年秦始皇。」交給來人，命快速帶回老家。

家裡人一見書信回來，喜不自禁，以為張英一定有一個強硬的辦法，或者有一條錦囊妙計，但家人看到的是一首打油詩，敗興得很。後來一盤算，確實也只有「讓」這唯一的辦法。宅地是很可貴的家產，但爭之不來，不如讓三尺看著。於是立即動員將垣牆拆讓三尺，大家交口稱讚張英和他的家人的曠達態度。

宰相一家的忍讓行為，感動得葉家人熱淚盈眶。他家宰相肚裡能撐船，我們也不能太落後。全家一致同意也把圍牆向後退三尺。兩家人的爭端就此平息了。從此，兩家之間，空了一條巷子，有六尺寬，有張家的一半，也有葉家的一半。這條一百多公尺長的巷子很短，但留給人們的思考卻很長很長。

張英乃位及一人之下萬人之上的宰相，權勢顯赫，如果在處理自家與另一家的矛盾時，稍稍打個招呼，露點口風，肯定會發生自下而上的傾斜，葉家會變得無力抗衡；再進一步，要是透過地方政府，不顧法律，進行行政干涉，葉家更會吃不了兜著走。這樣，有形的尺寸方圓的土地是到手了，產業更大了，但這樣做，無形中將會失去許多東西。不僅僅是葉家這樣的鄰居，餘波或許會從桐城一下子震盪到京城，這些不好的影響將會對張英和其家人的聲譽十分不利，不免落個仗勢欺人的惡名。更何況，張英曠達忍讓不是沒有結果的，他的這一行為，感動了葉家，也讓葉家選擇了更好的處理方

法，六尺不比三尺寬多少，但卻將這個巷子賦予了更多的人情味，讓人們看到一條寬廣的人間道路。互相忍讓，天地才會更寬廣啊！「讓他三尺又何妨」，這句話成了寬容的典範，也成為人們處世的指南。

寬容豁達，不僅僅是為官之道，更應該是我們的為人之本。現實生活中，親朋鄰里同事之間，有時也會因一點小摩擦便互不相讓，甚至橫刀相向。但試想一下，與我們的生命相比，那些小小的矛盾又算什麼呢？但願人與人之間多一分理解和寬容，少一分衝動和遺憾！讓他三尺又何妨 —— 當你面對矛盾與摩擦時，不妨想想這句話，它會幫你做出理性的選擇！

讓人三尺並不是一種懦弱的表現，鄰里之間，要和睦相處，該讓的時候讓一下，退一步海闊天空，如果斤斤計較，就會造成一些惡劣的後果。下面這個例子就是因為鄰里糾紛而引發的流血事件，本來無足輕重的小事，因雙方的太過計較，最終導致了兩個家庭的破裂。

清明過後正是棉花播種的季節，而導致某縣村民張景義與張景奎爭執的那二分耕地的歸屬問題至今尚未解決。一年來，兩家因地界偏差問題產生矛盾，雙方各執其辭，互不相讓。

這天，張景義帶著家人在那二分地裡剛播下棉種，張景奎即率全家趕來制止，雙方由爭吵發展到鬥毆。先是拳打腳踢，後升級到棍棒相加、鐵鍬舞動，最終以張景奎被鐵鍬鏟中頭部致死而告結。而張景義之子張中超也因故意傷人罪被依法逮捕。一場鬥毆雖然讓當事人解了一時之氣，卻讓兩家都為此付出了血的代價，兩個原本幸福的家庭也隨之破碎了。

想想當初僅僅為了爭那二分耕地，卻以生命作償，這結局是雙方始料未及的。也許當初雙方要爭的確是那二分耕地，而後來卻僅僅是為了出一口氣，兩家的宗旨都是不向對方低頭，不在人前失面子，使得矛盾一再升

級。想一想，那種爭一口氣的心態曾讓多少人因鬥氣而喪失理智，以致造成無法挽回的後果！

　　在現實生活當中，常見到同事之間、鄰里之間和夫妻之間，為了一點芝麻綠豆大的小事情，引起爭端，以至於惡言相向，拳腳相加，甚至於訴諸法律。到最後兩敗俱傷。旁觀者都會為之惋惜，認為這樣做太不值得。然而，這樣的事情卻源源不斷的出現在我們身邊，究其原因，是當事人不冷靜所造成的。其實，只要理智對待，有一點寬容精神，再大的事情也會化干戈為玉帛的。「退一步海闊天空，讓三分心平氣和」，這句話是現代人交際中的金玉良言。很多人以這個為準則，冷靜處理與自己相關的事情，人際關係也因此向著好的方向繼續發展。

▌拿得起，還要放得下

　　「放下」是一種覺悟，更是一種自由。如果不懂得「放下」的藝術，人就活在痛苦裡，如果事事向「錢」看，「我們的人生除了錢還剩下什麼？」不知道，這樣的話有多少人問過自己。有一位皇帝，登上城牆說：「這麼多人，國必強盛。」身邊的高僧說：「我只見到兩個人，一個貪名，一個貪利。」這句話充分指出了世上追逐名利的人之多，超出了我們的想像。

　　一個成就大事的人，不能貪圖眼前的榮華富貴，以免被暫時的收穫蒙住了雙眼，被身邊的追名逐利之氣擾亂了內心。不要和人針鋒相對的爭高下，以免過早暴露出野心，徒增宦海危機之恐懼心。這樣處世，即使落入艱難困苦中，也不會有什麼憂慮，而當宴飲遊樂時卻能知警惕，以免無意中誤入墮落之途。即使遇到有權有勢的人，也不畏懼，可以保持冷靜獨立

的心智；而當遇到孤苦無依的老弱時，卻具有高度的同情心，以博得大眾的擁戴。始終保持冷靜平和的心態，特立獨行的處世風格，超越一切世俗的羈絆，果敢走向自己理想的彼岸。這樣的人是拿得起放得下的，對他們而言，人生就是如此，有得到就一定有失去，這種心態，讓他們在自己的人生道路上越走越順。

　　有這樣一個故事，告訴我們放下的重要性。兩個和尚趕路，遇到一個美女被河水所阻，其中一個和尚就背她過了河。他們又繼續趕路，走了好久，另一個和尚指責他的同伴：出家人不近女色，你怎麼能背她呢？那個曾經「美女在背」的和尚嘆息道：我早把她放下了，你怎麼還背著她？

　　人生是複雜的，有時又很簡單，甚至簡單到只有拿起和放下。應該拿的，完全可以理直氣壯的去拿，不該拿的，則當毅然放下。拿起往往容易心地坦然，而放下需要極大的勇氣。若想駕馭好生命之舟，每個人都面臨著這樣的永恆的課題。

　　俗話說：「人為財死，鳥為食亡。」錢財確實為人帶來了不少快樂，也帶來不少煩惱。對於有些人來說，把錢財看得太重，自己無錢時眼紅別人，不擇手段、千方百計的得到錢財，自己有錢時又非常吝嗇，親兄弟之間甚至對父母也是錙銖必較，對這些人來說，錢財不僅是煩惱，而且能使其喪失生命中原本擁有的許多東西，當然不會為他們帶來快樂。該放下時放下，這也是為人處世的必修課。

　　鄒先生是中國現代新聞記者、政論家和出版家。1926 年，他主編一本週刊。1931 年，有位讀者寫信給週刊，揭露政府交通部部長貪汙腐化，窮奢極侈，吃喝嫖賭，無惡不作。信中還揭露，部長利用貪汙的金錢和手中的權勢，誘逼大學一名女生做他的小老婆，而大辦婚禮的奢華不亞於當時的名人。鄒先生看完信十分氣憤，他提筆一口氣寫了一篇編者按，指出

高級官員如此腐敗，實為國家的罪人，人民的公敵。

　　稿子正在排印時，部長聞知此事，急忙派了兩名心腹，攜 10 萬元鉅款直奔週刊報社。來人見了鄒先生，假仁假義的說：「部長一向關心報界諸人，最近撥下鉅款，慰勞各大小報館的編輯、記者。部長說貴週刊是份非常好的刊物，他幾乎每期必讀。所以，特地囑咐我們，送給貴週刊的慰勞經費要特別多一點，以補助你們經費不足，請鄒先生笑納。」說畢，捧上 10 萬元。

　　鄒先生拒絕道：「我們週刊一向自力更生，從不接受任何方面的津貼補助，請帶回去還給部長吧！」來人見這招無效，急忙改口道：「這筆錢不算津貼補助。如果鄒先生認為名不正的話，我們就將這筆款項作為資金向週刊投資好了。請鄒先生一定收下，我們也好回去交差。」

　　鄒先生見他們還要死纏，便冷冷的說：「部長既然如此慷慨，那就請你們二位將這筆款項捐贈給某地區飢寒交迫的災民吧！」兩個人見鄒先生這麼一介書生，不為這 10 萬元所動，只好悻悻退出。

　　「人為財死，鳥為食亡」，看來這話只有一半是正確的，動物無信仰，無操守，為食而亡，不計利害，這是自然界的法則所決定的。人則不同，唯財是貪，唯色是漁，此種人動物性沒有蛻盡。君子愛財，取之有道，不義之財不取，這樣的人，才是有氣節，真正對得起這一撇一捺相互支撐的「人」字。放下對金錢的執著，才能獲得生命的尊嚴，獲得他人的認同和稱讚。

　　大作家易卜生（Henrik Johan Ibsen）對金錢的認知可謂精闢。他指出：「錢能買來食物，卻買不來食欲；錢能買來藥品，卻買不來健康；錢能招來熟人，卻招不來朋友；錢能帶來奉承，卻帶不來信賴；錢能使你每天開心，卻不能使你得到幸福。」錢能做很多事，但同樣也有買不到的東西，

因此，放下對這些身外物的執著追求，便可換回一顆自由、不受汙染的心。

有一句西方諺語說道：「金錢是走遍天下的通行證 ── 除了到天堂之路；金錢也能買到任何東西 ── 除了幸福。」是的，金錢可以換來舒適的生活，卻很難換到幸福。我們不可把單純的物質享受，口腹之欲的滿足與幸福混為一談。我們很難說歷史上那些帝王、位極人臣者以及家財萬貫者，比一般老百姓擁有更多的幸福。

現代人都喜歡買彩券，中大獎後，人們的領獎方式各不相同，但多數人都以面具來遮掩自己的容貌，而這種做法，是不安引起的。他害怕這些錢會引起他人的覬覦，從而危害到自身，這種想法是可以理解的。同時，這種現象也告訴我們，錢財並不一定是幸福的根源，有錢的人也未必就比平常百姓更加幸福。

歷史上有一個著名的命題，即有槍枝保護的人和手拿鋤頭的人誰更安全，誰更有安全感，誰更滿足？回答是手拿鋤頭的人。當一個人不得不為過多的金錢而提心吊膽，要以槍枝來保護自己的人身安全時，這個人就陷入了無窮無盡的恐懼和煩惱之中。如此，我們便不難理解「錢多了不是好事」這句話的含義了。

明代魏大中在 42 歲時中了進士隨即被授予官職，不久便感到身心俱疲，準備歸隱。他想起貧困時與慈母嬌妻愛子享受天倫之樂，想起與師友互答的歡樂場面，慨然嘆道：「試問位高金多者還識此樂否？」

歷史上有那麼多達官貴人放棄榮華富貴而甘願過恬淡的生活，甚至退隱山林，對這些人而言，無拘無束，才是真正的生活，這些人對生活的感悟可謂深刻。

在我們的現實生活中，也需要有一種放得下的清醒。其實，在物欲橫流的今天，擺在每個人面前的誘惑實在太多，這就需要保持清醒的頭腦，

勇於放下。如果抓住想要的東西不放，甚至貪得無厭，就會帶來無盡的壓力、痛苦和不安，甚至毀滅自己。

古語說：「寵辱不驚，看庭前花開花落；去留無意，望天上雲卷雲舒。」這句話就道出了「放下」的快樂，而身為現代人，我們為何不像他們一樣，學會「放下」來讓自己少一分煩惱，多一分快樂呢？

我們常說一個人要拿得起，放得下，而在付諸行動時，「拿得起」容易，放下卻很難。一個懂得放下的人，必是有心胸，懂得享受生命的人，這樣的人對於「名和利」並不在乎，一切事情，都從本心出發，將一切煩惱都拋諸腦後，快樂才是他對人生的最高追求。本著這個原則處世的人，必有一顆超然的心。

得饒人處且饒人

很多人一旦陷於競爭的漩渦，便不由自主的焦躁起來，一方面是為了面子，另一方面為了利益，因此，一旦得勢便非逼得對方鳴金收兵或豎白旗投降不可。然而「得理不饒人」雖然讓我們吹著勝利的號角，但這卻也是下次爭鬥的前奏。「戰敗」的對方失去了面子和利益，當然要「討」回來。

娟娟是一家雜誌社的攝影師，由於她曾在美國待過一段時間，所以做事總會有些個人風格，在這個作風一貫保守的雜誌社裡總顯得有些格格不入。可是，總編輯又拿她沒有辦法，因為她是這個雜誌社老闆的女兒。所以，她即使經常因為自己個性散漫而做錯事情，總編輯也只能是看在眼裡氣在心裡，表面還是不能說什麼，對這位小姐只能睜一隻眼，閉一隻眼。

可是有一天，為了一些照片，總編輯和娟娟的衝突終於發生了。於是，眾人見戰火引燃，便紛紛過來圍觀。這時娟娟還要據理力爭，但眾人

卻你一言我一語的加入了這場爭吵。無奈，娟娟一舌難敵眾口，只好掩面而逃。之後，眾人又不約而同的聯合起來打擊她，挑她照片的毛病，批評她偶爾遲到早退。後來，她辭職了。可是，不久後總編輯也被辭掉了。

「得理不饒人」是我們的權利，但「得理且饒人」又何妨，對方「無理」，已經自知理虧，而我們在理字已明之下，放他一條生路，他會心存感激，來日自當圖報，即使不報，他也不太可能再度與我們為敵。了解人性是處世當中的一門重要功課，「得理且饒人」就是對人性充分了解後的一個應對策略。

戰國時，梁國與楚國交界，兩國在邊境上各設界亭，亭卒們也都在各自的地界裡種了西瓜。梁亭的亭卒比較勤勞，每天鋤草澆水，瓜秧長勢極好，而楚亭的亭卒則很懶惰，對種瓜的事很少過問，因此瓜秧長得又瘦又弱，與對面的瓜田簡直不能相比。

可是，楚國的亭卒卻又死要面子，覺得別人種的西瓜苗超越了自己種的，於是便產生了強烈的嫉妒心。他們在一個月黑風高之夜，偷偷的跑過去把梁亭的瓜秧全都扯斷了。梁亭的人第二天發現後，非常氣憤，便將此事報告給了縣令，並請求縣令說：「我們也過去把他們的瓜秧扯斷好了。」縣令聽了以後，對梁亭的人說：「楚亭的人這樣做當然是很卑鄙，我也十分痛恨他們扯斷我們的瓜秧。可是，若我們再反過來扯斷他們的瓜秧，別人本來已經不對，我們再跟著學，那就太狹隘了。你們聽我的話，從今天起，每天晚上去替他們的瓜秧澆水，讓他們的瓜秧長得好了，他們就不會再來扯斷我們的瓜秧了。但是，你們這樣做，一定不要讓他們知道。」

梁亭的人聽了縣令的話後，覺得很有道理，於是就照辦了。再說楚亭這邊，他們發現自己的瓜秧長勢一天好過一天，心裡自然非常高興。但他們也發現，這些瓜秧原來是有人特地澆了水才長得如此好的。而且，他們

從腳印觀察，發現這些事原來是梁亭的人在黑夜裡悄悄來做的。於是，楚亭的亭卒便把梁亭的人來澆水的事報告給楚國的縣令。縣令聽後，感到非常慚愧又非常敬佩，於是把這事又報告給了楚王。楚王聽說後，也感於梁國人修睦邊鄰的誠心，特備重禮送予梁王，既以示自責，也以示酬謝，結果這一對敵國從此便成了和睦相處的友鄰。

「得理且饒人」就是給對方一條生路，讓他有個臺階下，為他留點面子和立足之地，這樣，等到對方得理時，同樣也就會替我們留點面子和立足之地。如果得理不饒人，讓對方走投無路，這很有可能會激起對方「求生」的意志。而既然是「求生」，也就會出現「不擇手段」的可能，就好比老鼠關在房間內，不讓其逃出，老鼠為了求生，將會咬壞家中的器物一樣。而如果放牠一條生路，牠當然知道逃命要緊，所以便不會再對我們造成什麼傷害了。

一個人要堅持並不難，只要有足夠的毅力；一個人要反抗也不難，只要有足夠的勇氣；但是一個人要做到寬容卻是很難的，因為那是善良、智慧、無私、樸素、豁達、仁厚、熱情、敏銳、從容……諸如此類優秀特質綜合起來的一種高尚品質。所以，在社會交際中不要一味的「得理不饒人」，要知道，寬容也是一種處世的境界。人海茫茫，焉知他日兩人不會「狹路相逢」？若那時他人勢強我們勢弱，吃虧的可能就是我們了。因此，「得理且饒人」，給他人一條出路，為自己留條後路。

▎抓住陌生人中的貴人

　　貴人對我們每個人而言都是最大的助力，很多人就是因為貴人的幫助而改變了自己的命運，因此，慧眼識得貴人也是我們處世當中不可或缺的一個方法。不要忽視你周圍的陌生人，要抓住眼前的陌生人，「培養」他們成為你以後潛在的貴人。一句俗言：「不怕做不到，就怕想不到。」只要有心，就會發現，貴人一直都在我們身邊。

　　眼光決定命運，我們的眼光有多遠，我們的事業就能走多遠。不要忽視周圍的陌生人，尤其是正在落難的陌生人，他們都有可能很快的轉敗為勝，成為達官貴人。所以我們要抓住眼前的陌生人，從中發現貴人，讓其成為我們今後發展的助力。

　　曾經富甲一方、紅極一時的「紅頂商人」胡雪巖，正是憑藉獨特的慧眼，抓住了陌生人中的貴人，才得以登上財富的巔峰。中國的封建社會，重農抑商，士農工商的等級次序十分嚴格。商人在社會地位中處於最末流。任何一個官吏都可以利用其職務特權干預商人的活動，這種體制嚴重影響了商人的發展。面對這樣的一種情況，商人要想把生意經營下去就必須有合適的策略。胡雪巖看到了這一點，他就是運用貴人的關係設法與政治階層溝通，爭取得到保護，從而獲得更大的活動範圍和經濟利益。

　　要想尋求政府的保護，首先要找到合適的人選。只有將目光放在有前途有希望的人身上，才能找到真正的貴人，即使他是一個完全不認識的陌生人。

　　王有齡是當時的一名候補鹽大使，由於他舉目無親，窮困潦倒，本來打算北上「投供」，也好加捐做官，但是自己的實際情況，卻只能每天泡在茶館裡消磨時光，得不到做官的資格。

胡雪巖當時只是信和錢莊收帳的小夥計，一開始也不認識王有齡，但是當胡雪巖知道他的情況後，心頭不由一亮。因為胡雪巖看準眼前的王有齡絕非等閒之輩，若幫助他進京「投供」，日後定有出頭之日，也會成為幫助自己事業騰飛的靠山。但當時的胡雪巖，也是一文不名。

　　在一次收帳中，胡雪巖手中拿到了剛剛收上來的五百兩銀子，於是就決定在王有齡身上下注，便擅作主張，沒有將銀子交給老闆，而是將一張五百兩的銀票遞到了王有齡的手中。王有齡有了這筆錢，就能實現自己的高官之夢，歡喜之餘，感激涕零，遂將胡雪巖奉為自己的大恩人。

　　王有齡第二天就啟程北上了。可是當胡雪巖回到錢莊，老闆得知他私自挪用錢莊款項後，勃然大怒，並將胡雪巖掃地出門。其他的錢莊也不敢收留胡雪巖，令胡雪巖的日子很難熬。而這時王有齡卻開始了他的鴻運，得到了一份掌管海上運糧的「肥差」。王有齡感恩胡雪巖的資助，衣錦還鄉後，幾經周折也沒有找到他，卻在一次無意閒遊中遇見了胡雪巖。胡雪巖看到王有齡已身登宦門，心裡的石頭落了地，知道自己的付出終於要有回報了。

　　王有齡上任後，第一件事就是幫胡雪巖洗刷名聲，找回飯碗。錢莊的同事也感到胡雪巖是個忠厚仁義之人，便越發敬重他。自此，胡雪巖在錢莊業聲譽大振，為他日後自己開錢莊打下了扎實的基礎。沒過多久，胡雪巖在王有齡的蔭庇下，不再做錢莊的「小夥計」，而是自立門戶，販運糧食。他在官商之間遊刃有餘，如魚得水，也由此走上了從商的坦途，開始了事業上的輝煌。

　　倚仗靠山，胡雪巖在商界中的生意越做越大，萌發了開錢莊的念頭。但是沒有雄厚的資金，錢莊開不起來，然而胡雪巖卻在經濟實力非常薄弱的情況下要做大生意。胡雪巖利用幾筆款項，又贏得了信用聲譽，創立了無形的資產。同時，胡雪巖還利用王有齡在官場的勢力，代理公庫，白借公家的銀

子開自己的錢莊。所以很短的時間，胡雪巖的錢莊就熱熱鬧鬧的開張了。

一面有王有齡這個官聲好、升遷快的貴人，一面胡雪巖還繼續幫助那些有希望有前途的官員，不斷尋找新的保護人，鞏固自己的地位，以求自身的發展。隨著胡雪巖的生意越做越大，官府的糧食購辦與轉運，地方團練與軍火費用以及地方的絹絲業，各方面的錢都流進了胡雪巖的錢莊裡。胡雪巖還不斷幫助左宗棠籌款，除了商業目的外，還為了透過支持左宗棠興辦洋務，成就功名，從而為自己在朝廷中找到一棵安身立命的大樹，以減少風險，增加安全。此時的左宗棠又成為了他第二個大貴人。

胡雪巖有了左宗棠這樣一個大員作後盾，有了朝廷賞戴的紅頂，賞穿的黃褂，天下人莫不以胡雪巖為天下一等的商人，莫不視胡雪巖的阜康招牌為一等的金字招牌。胡雪巖也敢放心的一次準備上百萬的鉅款，非常硬氣的與洋人抗衡。任何一個以本業為主，不能上傳下達的商人都不敢像他這麼做，可是胡雪巖統統做到了。

胡雪巖身為「紅頂商人」，其「紅頂」很有作用，因為是朝廷賞的，戴上它，意味著受到了皇帝的恩寵，也意味著他所從事的商業活動的合法性，那時，皇帝的至高無上也保證了胡雪巖的信譽。胡雪巖憑著「紅頂」累積了萬貫家財，成為顯赫一時的一代巨商。但是歸根究柢，還是因為胡雪巖以其睿智的慧眼，在陌生人中發現了自己一生中的靠山和貴人，並踩著官場的階梯，一步一步的登上了事業的巔峰。

尋找人海中的貴人，需要一種長遠的眼光，明察善辯。感情投資不只是給身邊的熟人，也要放開視野，給那些不認識的有潛力的陌生人。這樣才能建起自己的人脈網絡，才能讓自己更加容易的走向成功。成大事者，具備一雙慧眼是最為重要的，這雙慧眼不但能看清前面的路，還能找出對自己有利的貴人，使其成為自己事業發展的堅強後盾。

主動尋求合作夥伴

　　人際關係在生活和工作中充當著重要角色，現在，人際關係被打上了獨特的烙印，想在社會交際中遊刃有餘，就必須有良好的人際關係。

　　隨著社會的發展，分工越來越細，僅憑自己的實力打天下的時代已經過去。當前是合作時代，如果沒有主動與別人打好關係的能力，處理不好人際關係，又怎能在競爭中立足呢？所以，培養主動和別人打好關係的好習慣已成了當務之急。主動尋求合作，才能讓我們有力量突破困境，走出更加精彩的未來。

　　如果一個人生活在一個封閉的圈子裡面，毋庸置疑，這樣的人不會獲得很大的成就，因為他們缺少與人相處的能力，缺少處理人際關係的本領，錯過了獲得資訊的機會。「獨行俠」的時代已經過去了。縱然是天才，也不可能是全能的，全能的天才是不存在的，就如同這世界不存在無瑕的美玉。

　　我們應該主動和別人打好關係，這樣才能有所收穫。廣泛的結交朋友，妥善的處理人與人之間的關係，在社會中顯得尤為重要。主動和別人打好關係在人際交往中有著決定人際關係網大小的作用，能把它當成習慣來應用的人在遇到困難時，一定能受到八方援手，而不善於處理人際關係的人，遇到困難時只能獨自承受。這就是成功者與失敗者的區別。

　　事實證明，只有尋求合作，才能長久的立足於當今社會。在許多人眼中，合作是一門精深的人際關係學，這門學問，說到底就是要與人打交道，就是要進行交際，這就要求我們有處理人際關係的能力。沒有良好的人際關係，就不會為合作打下良好的基礎。

　　宋朝的大文學家范仲淹，他的才識智慧在當時是無與倫比的，他雄心

勃勃，想成就一番偉大的事業，但結果處處受阻。看到當時社會普遍存在的腐敗之後，自己卻又無可奈何，只好發出了「微斯人，吾孰與歸？」的千古悲吟，來表達自己的心情。這就是不懂得與他人合作的下場，要知道一個人力量再強大，也是有限的，眾人划槳才能將大船開動。

良好的人際關係在事業的成功路上可助你一臂之力。針對這一問題，各人有各人的高招。而要解決這個問題，首先要了解人與社會的關係。現代的心理學家和社會學家已經研究證實，人際關係具有四個方面的作用。

* **能更好的交流資訊**：現代社會已經進入了資訊時代，掌握了資訊，就等於掌握了市場，掌握了成功。資訊閉塞，可能使人貽誤良機，遺憾終生。

* **能產生親和力**：在現代社會中，經濟迅速發展，各行業各部門之間的競爭非常激烈，單靠一個人的能力是很難獲得成功的。必須依靠大家的力量，同心協力，頑強打拚，才能在事業上獲得成績，創造燦爛的人生。可見親和力對於事業的成功是多麼重要。

* **能相互補充**：一個人，縱然是天才，也不是全能的。尼采說自己萬能，結果發瘋而死。所以一個人要想完成自己的事業，就必須要利用才智，借助他人的能力和才幹。這就要求在事業的征途中，恰當的選擇人才。互補，才能讓雙方的優勢都得到最好的發揮。

* **能使人感情融洽**：人是一種不同於其他動物的高等動物，而感情是人類之間往來的基礎，人與人之間需要時刻傳遞友誼，交流感情。

在邁向成功的道路上，一個人孤軍奮戰是不行的，必須連結志同道合的朋友，在成功時，相互交流經驗和分享快樂；在失敗時，相互傾訴和鼓勵，從而獲得更加輝煌的成就。

良好的人際關係，不僅具有以上幾種作用，更能使人擺脫孤獨的折磨，從而更好的與他人合作，締結友誼共創事業。基於人際關係的重要作用，人們應對此給予高度重視，可是，怎樣才能獲得良好的人際關係呢？整天坐在家裡，等待別人上門與你結交是不太可能的，它須建立在主動與別人打好關係的基礎上才能實現。

　　想要建立自己的關係網，也並不是那樣的簡單，維護好人際關係是人生中的一件大事。要想養成主動和別人打好關係的好習慣，還需要具備一定的素養。

＊ **要機智、勇敢**：機智能使人擺脫尷尬，從而融洽人與人之間的關係，獲得廣泛的群眾基礎，而勇敢是突破自己和別人的重要因素，也是事業成功的重要因素。機智和勇敢是後天培養出來的，人們只要愛學、善學，一樣可以獲得。

＊ **要相互理解**：要想成就一番事業，就必須學會理解，在理解別人的同時，也獲得別人的理解。這樣就能有效的防止人與人之間尖銳的對立，建立一種相互合作的人際關係，從而找到事業上的好夥伴、好幫手。在交際中，一定要學會理解，這樣就可以大大減少衝突的發生。卡內基曾說：「當今，成千上萬的推銷員拖著沉重的腳步在人行道上蹣跚，疲乏、沮喪、收入不高。為什麼呢？因為他們只考慮自己的願望。如果推銷員能夠向人們說明他的服務或商品能夠幫助人們解決什麼問題，那麼他用不著宣傳，也用不著賣，人們就會向他買。」卡內基的這段話向成千上萬的推銷員說明了一個道理，也告訴人們一個哲理，自己不理解別人，別人如何來理解你呢？能理解別人的人，必須寬宏大量，體貼別人，這樣會贏得更多人的好評，從而樹立一個良好的形象。

* **要有幽默感**：幽默首先是一種藝術，是人在生活、交際和爭鬥中的一種工具，如果能恰當運用幽默這一工具，會使生活充滿活力，使交際和諧、自然，更會使人在爭鬥中智勝一籌。

　　人們要學會幽默，來增加個人的吸引力，使更多的人願意接近你、理解你，當你遇到困難的時候，別人會毫不猶豫的幫助你，助你擺脫困境。人們都喜歡幽默的人，因幽默而獲得成功的人千千萬萬。學會幽默，你的人生之路也會慢慢順暢起來。

　　當然，要想獲得別人的幫助，就要做到主動去關心別人、幫助別人。良好的人際關係是成功的基礎，但它需要建立在主動和別人打好關係的意願上，兩者相互制約相互影響，如果不能主動結交朋友，人際關係網的擴大就會受阻。在當今社會，與他人維持良好關係，共同合作，已成為快速發展的捷徑。

第七章
贏在職場 —— 好起點讓你笑傲人生

　　萬丈高樓平地起，職場是每個人獨立的起點，一個好的起點，會為以後的發展築起扎實的地基。進入職場，便開始了新的人生。很多人就倒在這個新人生的起點上，本著做一天和尚撞一天鐘的想法，對工作抱著得過且過的態度。這樣的做法只好讓自己在職場中的地位越來越低。

　　職場是一個競技場，只要拿出百分之百的努力，才能在職場中獲得話語權，走上管理之路。上天給每個人的路都是曲折的，但有的人能夠走到最後，有的人卻在半途便做了逃兵。走好職場這條路，才能成為笑到最後的人。

▎謙虛，拆掉自滿的圍牆

　　自滿自得並不是聰明的表現，過分的自我感覺良好實際上是一種無知。就如魯迅在《阿Q正傳》中塑造的阿Q的形象，從這個人身上我們看到一切人性的弱點，比如自尊自大、自輕自賤、欺弱怕強、麻木健忘等等。他的精神勝利法至今仍在人們中間流傳。自滿就是其中的一種表現，雖然可獲得「阿Q」式的幸福感，但實際上常常有損於名聲。

　　孟子早在兩千多年前就曾經告誡過我們：「生於憂患而死於安樂。」展現生命成就的是征服和超越，而對於一個驕傲自滿的人來說，生命中最空虛的滿足也如鮮花一樣，往往只會是曇花一現，就像是人們常說的，好看而不中用。自滿者將自己看得太過完美，對於自身的一些平庸而不自知，更無法改正。

　　孫慧是以高學歷進入這家貿易公司的。一開始，孫慧受到經理的器重，公司裡的重大事件幾乎都有她的參與，雷厲風行的作風也使她以能幹出名。可惜的是，孫慧很快就懈怠起來，她覺得工作沒有挑戰性，沒有了工作熱情，她變得很拖拉，這種作風導致她在工作上常出現一些小差錯。後來便引起了上司的不滿，他不再把重大的工作任務交給孫慧，而是委派其他的同事，孫慧感到很失落，明明是自己看不上眼的工作，現在卻被動的交給別人，總有自己受委屈的感覺。於是孫慧改變了態度，她重新審視自己的工作，發現自己在經過一段時間的鍛鍊以後，就變得停滯不前是導致目前狀況的根源。她不再滿足於眼前的小小成就，決心從零做起，重新開始，很快她又憑著進取心獲得了總經理的重用，不久被提拔進管理階層。自滿讓我們走進泥潭，謙虛則可讓我們看到陽光。相信，聰明的你會懂得如何選擇。

當我們在工作、學習、生活上獲得了一點成績時，千萬不要認為從此就可以放鬆，要知道，社會環境在不斷的變化，人們的心態也在不斷的跟著轉變。雖然在剛開始的時候，一切都覺得很新鮮，但總有一天成績也會褪色，甚至變得毫不值錢。好漢不提當年勇，時時做好漢的人才能讓人們看到其不凡的一面。因此，在面對成績時，我們要不斷告誡自己，自滿是人生最大的敵人，唯有如此，才能讓我們的心境得到擴大，從而在成功的路上越走越遠。

　　自滿的現象在我們身邊可以說是層出不窮。比如小團體的活動和提案等等，一開始，每個人都充滿了幹勁，不斷的提出新的構想，工作環境充滿了活躍的氣氛，就好像起死回生般的出現了奇蹟。但這僅僅是一個短暫的現象，當有一天火花消逝時，整個團體又會產生出惰性來。其實這就是一種自滿的表現。

　　生活和工作當中，遠大的理想就像《聖經》中的摩西一樣，帶領著人類走出沙漠而進入充滿希望、生機勃勃的大陸，進入太平盛世。也只有理想遠大，才能在獲得成績時，仍用一顆謙虛的心去面對。只有那些停止了前進步伐的人才會對現有的成就感到滿足。對於那些永遠追求前面的目標的人來說，他們總覺得自己身上還存在某些不完美的因素，因而總是渴望著進一步的改善和提升。他們身上洋溢著旺盛的生命力，從不墨守成規，這使得他們總認為任何東西都有改進的餘地。這些人是不會陶醉在已有的成就裡的，他們會想方設法達到更美好、更充實、更理想的境界，正是在這一次次的進步當中，他們完善著自我，也完善著人生。

　　許多事情，在初始的時候總是新奇而富有創造性的，但是過一段時間，就變得又老又舊。當我們了解了這一點後，就應該經常在內心自我反省：「這樣做就可以了嗎？」經常在內心保持著如何突破自我的心態，而

且還必須有一股吸取新知識、拋棄陳舊東西的活力。但是最重要的是不斷產生新的觀念，如果稍微鬆懈了，或者認為「這樣子就可以了」，就會使一切都停滯不前。不過有時候，當你認為這是最好的而果斷的去執行，也有可能會被批評為比以前還要差勁。當今社會，不進步就是一種退步的表現，因此，放下自滿的心，找回真實的自我是實現自我突破的重中之重。

任何人對於自己所想要做的事情，在達成之前都會花很多的時間做各種的努力，但是有很多人往往在獲得初步成就後，就抱著「守成」的觀念，再也不肯進一步了。像這種人就會阻礙自己前進的道路，甚至壓抑其他人的成長。因此，眼前的小小成就只可以讓你小小的高興一下，切不可因此忘記了你的最終目標是什麼，甚至忘記了你自己。不能滿足於小小成就，是因為：

1. 一個不滿足於現狀的人，多能使自己的潛力得到充分的發揮。比如說，原本只能挑 50 公斤重擔的人，因為不斷的練習，進而突破極限，挑起 60 公斤甚至 75 公斤的重擔！一個人若只想安於現狀，就失去了創造奇蹟的動力，沒有動力，就無法付諸切實的行動。

2. 如果不滿足目前的小小成績，就會充實自己，提升自己。上班的人不忘繼續學習，做生意的人不斷搜集資訊，強化企業實力，這些都是在創造機會、等待機會。

3. 不要認為小小成就也是一種成就，這也是自己安身立命的本錢。因為社會變化太快，長江後浪推前浪，如果你在原地踏步，社會的潮流就會把你拋在後頭，後起之輩也會從後面追趕過去。相比起來，你的「小小成就」在一段時間後便成為過時產品，最終被社會所淘汰。比如在過去的年代，大學生確實稀罕，而現在呢？已經到處都是，大學生找不到工作已經不是新聞了。

如果我們想做成某件事，最佳時機一定是當我們目標明確、熱情澎湃、鬥志昂揚的時候。每一個人在情緒飽滿時，做什麼事情都變得輕而易舉。相反，如果一次次的拖延和延緩，就會削弱我們的意志，反而需要用越來越不情願付出的努力或犧牲來達到目的。只有那些不滿足於現狀，渴望著點點滴滴的進步，時刻希望攀登上更高層次的人，才會願意為此挖掘自身全部潛能，才有希望到達成功的巔峰。

　　相反，人們不可能指望一個放任自己隨波逐流的人有大成就，因為他們往往是安於現狀的。即使他們知道自己體內還有許多潛力可挖，也還是以各式各樣的方式白白浪費耗損，面對停滯不前的現狀他們還能不為所動、安之若素。也許他們總會有這樣那樣的收穫或成就，但他們永遠只能被眼前的小小成就蒙蔽了眼睛，看不到山外有山，人外有人。這些小成就成了他們可炫耀的資本，卻不知人生還有更多偉大的目標等著去實現。甘於平淡的生活，會使體內潛藏的那點潛能也因長久的被棄之不用而逐漸荒廢消亡。自滿從來都是成功的鴻溝，有了它，成功看似近在咫尺，想要觸摸到卻是遙遙無期。謙虛才是天使的翅膀，能帶著我們飛躍海洋到達成功的彼岸。

　　很多人都是理想過於平庸，或者說跟他們的能力相比，他們的目標定得過低。試想一下，如果每個人都能相當容易達到自己的目標，實現自己的抱負，人生還有前進的動力嗎？我們不能指望一個總是回頭看的人能攀登上頂峰，人們的抱負必須略高於人們的能力。這就要求我們不能滿足於眼前的小小成就。

　　當然不能否認有的人生來就不需要為自己的理想打拚，從小過著錦衣玉食的生活，享受優厚的物質生活條件。據傳好萊塢著名影星道格拉斯（Douglas）的兒子，剛滿週歲，就開始享受瑞士某著名飯店 300 美元一

小時的房間服務，而目的只是道格拉斯為了讓他的寶貝兒子睡個午覺。但這畢竟是人類中的極少數，可以說99%的人都要靠自己的努力來獲取成功。假設我們都出生在豪門，每天都是錦衣玉食、高枕無憂，唯一的目標就是享受生活，那麼，人類的最終歸宿恐怕只能是退回到茹毛飲血的原始狀態了。

正是因為人類有著那麼多的欲望和追求，渴望晉升到更高的職位，渴望生活更加舒適幸福，渴望接受更加高深的教育，渴望家庭更加溫馨美好，渴望使自己變得更加學識淵博，渴望獲得更多的財富和社會地位……正是這些渴望，讓人類的潛質得以充分挖掘，能力得以全面發展，社會才進化和發展到現在的高等階段。這是一種不懈的追求，人類一代一代相傳的動力。而這個動力的維持，需要我們在面對成績時，能夠有一種謙虛的姿態。只有謙虛，才能拆掉自滿的圍牆，也才能讓我們在社會的舞臺上盡情的引吭高歌。

▎合作是能力，是智慧

職場是我們人生的第二生命，合作是職場中最常出現的詞彙，尤其是在當今社會，合作已成為一種不可替代的趨勢，它是一種能力和智慧的象徵。一個人必須要具備與人打交道的能力，這個能力很重要。如果我們想在商界的競爭中獲得成功，順利的達到自己的目的，就一定要學會與人融洽合作。沒有合作的習慣，很難產生規模化效應。這是成功者競爭中的一大習慣性原則。

一提到合作，我們就會立刻想到是雙方或多方在一起共同去完成某一項事情。的確是這樣，在這種情況下，如果不學會合作，到頭來很可能會

一無所獲，空忙一場，而那些善於合作者，卻往往能利用對方，不動聲色的實現自己的願望。由此可見，合作並不是那麼簡單的事情，它需要我們的智慧和能力做支援。

有一個剛進入職場的大學生，剛開始的時候，面對主管交代下來的工作，他只是一味的靠自己去努力完成。由於剛進入職場，對一切都不是很熟悉，因此，工作越積越多，不但主管不滿意，他自己也很委屈，這時的他想到了合作。當他遇到不懂的問題時，不再一個人苦苦思索，而是請同事幫助，有些時候，一個建議就讓他的工作效率得到了明顯的提高，同時也讓他嘗到了合作的甜頭。

在商業上，利用合作也會產生意想不到的效果。有一位遊客，計劃到某地去釣魚、划獨木舟。於是，他寫信給觀光局，向他們索取資料。很快，他就收到了各個露營區及嚮導所寄來的無數信件、小冊子以及宣傳單。他被弄得頭昏腦脹無所適從，不知道選哪一個好。有家公司的老闆做了一件很高明的事，他把他曾經服務過的幾個當地人的姓名和電話號碼寄給這位遊客，並請這位遊客打電話給他們，讓他自己去發現這家公司究竟有什麼好條件。

這位遊客很驚訝的發現，名單上竟然有自己認識的一個人。他立刻打電話給認識的人，詢問這個人的看法，然後他立刻打電話把他抵達的日期通知那家公司。

所以說，如果你想要順利的到達自己的目的，就一定要學會與人融洽合作。成功者都善於合作，因為誰都不可能是一座孤島。一個人要獲得成功，必須學會與別人一起工作，並能夠與別人融洽相處。合作對我們每個人的職業生命都有重要影響，因此，學會與他人合作，可以更好的讓我們在職場中生存並發展。

懶惰是工作中的蛀蟲

　　勤奮是懶惰的剋星，是獲得成就的祕密武器，也是每個人都應養成的工作習慣。快樂工作，就要先清除思維中的蛀蟲。

　　勤奮與懶惰是一對矛盾的兄弟，兩者之間只有一線之隔，如果選擇了前者，後者將會被捨棄，隨後而來的是成功。反之，生活將索然無味，失去前進的動力。兩者就擺在我們面前，關鍵看我們怎樣選擇，以什麼樣的心態去面對。所以，人們在日常生活中，應該時常警戒自己，以正確的態度對待勤勞與懶惰，以積極的心態做好每件事。

　　許多人都聽過「愚公移山」這個故事，它告訴人們一個道理：勤奮面前，再艱鉅的任務都可以完成，再龐大的山也都會被「移走」。凡事只有踏實勤勞，才能獲得真正的成功。所以，自身的缺點並不可怕，可怕的是不能擺正心態，正確對待勤奮與懶惰。自身之拙，可能會成為人們成功路上的障礙。但偉人、名人就是在積極心態的作用下，克服障礙後獲得成功的。

　　從前有一位老農，臨死的時候，他把三個兒子召集到床前，對他們說：「我老了，很快就要離開你們了。我不知道你們能否在我去世之後比現在過得更好。我擔心將來你們會受苦，因此，我在我們家的那塊地裡，埋下了一箱金子，這是我一輩子積存得來的。我死後，你們就把它挖出來分了吧。」

　　說完以後，老人就去世了。他的兒子們便在老人所說的地方挖金子，然而令他們感到奇怪的是，他們四處尋找，幾乎翻遍了每一寸土地，卻始終沒有找到那箱金子。兒子們都非常的失望。當時，正逢播種季節，帶著失望的心情，兒子們將那塊地種上了莊稼。

幾個月過去了，收穫的季節來臨了。由於他們深翻了土地，田裡的莊稼獲得了前所未有的大豐收。這個時候，兒子們才真正的理解父親的用意，因為土地裡本來就沒有黃金。他們的父親用這種方法，讓他們丟棄懶惰，獲得豐收的糧食。

　　勤奮的價值不能用金錢來衡量，金子雖然珍貴，但卻不能失而復得。縱然有黃金萬兩，但坐吃山空，總會有窮困的一天。唯有勤勞才是永不枯竭的財源。這一點，人們應該牢牢記住。勤能使人走向成功，聰明的人，勤奮就能成就大事業；而比較愚笨的人，如果能以勤為本，笨鳥先飛，同樣能成為成功的贏家。

　　《聖經》中有這樣一句話：「上帝為你打開了一扇門，同時就要為你關上一扇窗。」你應該記住，勤奮實際上是彌補你某一方面缺陷的良藥，足以讓人走向成功。一個手不巧的人仍然可能成為一個偉大的科學家。名言「勤能補拙」、「熟能生巧」所說的就是這個道理。

　　愛因斯坦小的時候，有一次上工藝課，老師要求每個學生做一件小工藝品。課堂上，老師要學生們把自己的作品拿出來，一件一件的檢查。當老師走到愛因斯坦面前時，停住了，他拿起愛因斯坦製作的小板凳（算不上是一件成功的作品）問愛因斯坦：「世上難道還有比這更糟糕的小板凳嗎？」

　　愛因斯坦以響亮的嗓音回答老師說：「有！」

　　然後，他又從自己的小桌裡拿出了一個板凳，對老師說：「這是我做的第一個。」

　　很多人總想找一條通向成功的捷徑，當眾裡尋它千百度之後，發現「勤」字才是成功的要訣之一。沒有一個人的才華是與生俱來的，每一個成功者的背後，都有著一連串讓人精神為之振奮的故事，懶惰只會把一個人帶向絕望的深淵。

　　魯迅說得很具體：「其實即使天才，在生下來的時候，第一聲啼哭也和平常的兒童一樣，絕不會形成一首好詩。」在成功的道路上，除了勤奮，是沒有任何捷徑可走的。在每個成功者的身上，都可以看到勤勞的好習慣。社會不是享樂的天堂，在這個競爭激烈的世界裡，人才雲集，競爭對手強大。所以，任何事情，唯有不停前進方可有生命力，學習更是如此，不前進就是後退。

　　快節奏的生活，激烈的競爭時刻令人體會到一種莫名的壓力，潛移默化的催人上進。懶惰、懈怠從來沒有在世界歷史上留下好名聲，也永遠不會留下好名聲。無論是對個人還是對一個民族而言，懶惰都是一種墮落的、具有毀滅性的東西。懶惰是一種精神腐蝕劑，因為懶惰，人們不願意爬過一個小山崗；因為懶惰，人們不願意去戰勝那些完全可以戰勝的困難。由此可見，懶惰的另一個意思就是墮落。

　　懶惰是一種惡劣而卑鄙的精神重負。人們一旦背上了懶惰這個包袱，就只會整天怨天尤人、精神沮喪、無所事事，這種人完全是一種對社會無用的卑劣之人。因此，那些生性懶惰的人不可能在社會生活中獲得成功，他們永遠是失敗者。成功只會光顧那些辛勤勞動的人。

　　著名牧師、學者、作家伯頓（Robert Burton）曾寫過《憂鬱的解剖》（The Anatomy of Melancholy）這樣一本書，他在書中提出了許多獨到而精闢的見解。他在該書的最後部分說：「你千萬要記住這一項 —— 萬萬不可向懶惰和孤獨、寂寞讓步，你必然切實的遵循這一原則，無論何時何地都不要違背這一原則，只有遵循這一原則，你的身心才有寄託和依歸，你才會得到幸福和快樂；違背了這一原則，你就會跌入萬劫不復的深淵。這是必然的結果、絕對的律令。記住這一項：千萬不可懶惰，萬萬不可精神憂鬱。」

人天生就有惰性，在這一因素影響下，很多人都能為自己的懶惰找到各式各樣的藉口，但無論何種藉口，都改變不了懶惰這個事實。其實，每個人都清楚，懶惰的人在工作方面是無法獲得長足的進展的，但很多人還是無法克服這一缺點。最終讓自己活在一事無成的遺憾當中。因此，學會克服懶惰，是我們事業獲得成功的第一步。當我們真正邁出這一步後，會發現，原來只要努力，任何時候，天空都是蔚藍的。

▌做一個受歡迎的人

　　領導團體的智慧、判斷以及領導能力，對整個企業的發展有著至關重要的作用。有些人之所以成為領袖，與他後天形成的種種能力是分不開的。沒有人是天生的領袖，沒有人天生就具有出色的管理才能。領袖的特質和管理才能是透過後天的努力和學習得來的，它是可以透過培養獲得的。

　　管理才能與你的「領袖氣質」與出色的管理能力是不可分割的，它們如影相隨。因為這種特質和能力，能夠使你做出本來你不會做或無法做到的事情。

　　那麼，怎樣培養我們的領導才能和管理才能呢？也就是說，如何使別人樂於和我們合作，支持並幫助我們成功呢？要做到這一點，你就必須成為一個受別人歡迎的人。

　　要讓自己成為一個受歡迎的人，一味的取悅他人並不是最好的方法，關鍵是要培養你的特質。如果只是一味的取悅他人，可能會暫時討人喜歡，但不可能長久，而且這種討好式的交往，也會讓自己感到自卑。因為你在討人喜歡的過程中失去了你自己。過一段時間，你可能會發現，你的

交際範圍擴大了，而你自己卻感到越來越孤獨。所以，以失去自我為代價去取悅他人，並不是最好的方法，你必須真正喜歡你自己的樣子。這是要使自己成為一個受人歡迎的人的基礎。

要使自己成為一個受歡迎的人，正確的辦法就是培養自己喜歡的特質，即屬於你自己的特殊的東西。這些特質對你而言是相當珍貴的。

如果你真的希望某個人做你的朋友的話，他就應該喜歡你的這些特質。千萬不要為了讓他人留下某種印象而去刻意迎合。那樣的話你不但會失去成功的機會，還會失去你想要的一切。

對我們而言，應該培養哪些特質呢？

培養一種能將別人視為一個獨立個體的能力，並欣賞這種個別差異。我們每個人都有不同的特點足以讓人尊敬和欽佩，但你需要找出每個人獨特的地方，否則你很難欣賞別人的特點。

學會如何獨處。你可能覺得驚訝，但這與如何受別人喜歡並不矛盾。一個人如果不能和自己好好相處的話，還能期望別人什麼，又怎麼能期望別人好好和你相處呢？

培養你的享樂能力。放慢自己的腳步，好好品味一下自己所做的事情，同時，盡量讓自己參與周圍發生的事情。因為你如果事事都做旁觀者，你就會覺得自己並不重要，周圍的事情也不重要。然後，期待一切愉快事情的發生，如果真的發生了就好好慶賀一番，繼續強化你愉快的感覺。

不要譏諷任何人。如果你事事譏諷別人，你可能就會覺得世界上的人都是自我中心，都只顧自己的利益，而且會認為世界上沒有一個人是真誠的、寬容的，每個人都想占別人的便宜，一點也不想付出。比譏諷更糟的是，你得繼續用譏諷掩蓋你的這種違反道德的行為，直到你對整個世界、整個人類都嗤之以鼻。

對你重要的事情，如果你和別人持相反的意見，就準備面對他們。這對你了解自己的目的和別人的認同很有關係，也讓別人知道你具有堅強的信念和強烈的感覺。如果你沒有這種特質的話，就很難成為一個受他人喜歡的人。

嘗試培養感受別人和關懷別人的能力。學會分享朋友的快樂。你可以把自己塑造成理想的自我。

做到了這些，你就能成為一個受別人歡迎的人。儘管這與我們要培養的管理才能與領袖氣質仍有一定的距離，但起碼為其打好了一個良好的基礎。

如果想盡快的培養自己的領導才能，不妨從以下幾個方面做起：跟那些你想去影響的人們交換意見。這是使別人比如你的同事、朋友、顧客、員工依照「你所希望的那種方式」去做的祕方。

考慮問題盡可能的周到，處理事情的時候要多思考還有哪些不符合人性的地方。人人都用自己的方法來領導別人，但是總有一種最好的、最理想的符合人性的方法。

盡量追求進步。相信自己和別人還可以進步，更要有實際的行動，在每一個行業中只有精益求精的人才能夠不斷的升遷。真正的領導者非常缺乏，而安於現狀的人認為，每一件事情都很正常才需要再去改進的人，比那些激進人士認為有待改善的地方更多，想些辦法可以做得更好更多。

騰出一點時間和自己交談、商量或從事有益的思考。領導人物都特別的忙碌，事實上也是如此，他們真的很忙，但是我們常常忽略的一點是，領導人物每天都要花許多時間來單獨思考。忽略了自己大腦的思考能力的人，不可能成為一個出色的管理者。沒有人天生是領袖，只要我們有意識的培養自己的領袖特質，在未來的某一天，我們也有機會成為一個出色的管理者。

善用比自己強的人

在職場中，有這樣一種現象，那就是很多人害怕自己的下屬比自己強，害怕過於強勢的下屬會威脅到自己的地位，因此，不敢用比自己強的人。在發現比自己強的人存在時，往往不擇手段的進行打擊。其實，現在有很多人面臨著「敢不敢用比自己強的人」這一考驗，在各種因素影響下，有些領導者很容易使自己走上歧途。

「他都比我強了，那在其他員工眼裡，他是老闆還是我是老闆？」某企業老闆直言不諱，一針見血，這種不允許員工勝過自己的心態一目了然。這樣一種當老闆的心態，不但會讓很多有才能的人無法發揮，同時，更會影響企業的發展。

在這種心態支配下，老闆往往是希望別人拿放大鏡來看他，而他自己卻用顯微鏡來看別人。當比老闆強的員工工作獲得各部門的讚許和支持時，老闆會覺得他們是在樹立自己的威信而且是在動搖老闆的最高權力。於是乎，老闆會有意無意的疏遠他們、壓制他們，從而嚴重的挫傷這些員工的積極度。

這種心態說到底是一種弱者的心態，外表的強硬正透露出內心的虛弱，反映出自信心的極度缺乏。真正的強者願意接納桀驁不馴的部下，因為他有信心，他能控制局面。這樣的老闆關心的並不是別人對自己是否順從，他有能力贏得別人真正的尊敬，更因為他看重的是人的才能，也更關心企業發展的大計。

我們看到這樣的現象，一個老闆僱用了一批員工，然後老是奇怪為什麼這些人一點幹勁都沒有，更談不上有所創新。一個小企業的老闆錄用人員的標準是：能幹但不能精明，以免搶走公司的客戶另立門戶。後來他發

現越來越不對勁，怎麼找了這麼多庸才？

美國鋼鐵大王卡內基（Andrew Carnegie）的墓誌銘一度被商界人士傳為佳話。因為上面這樣寫道：「這裡長眠著一位先知，他勇於用比自己強的人才。」凡欲成大事的企業家，他都能夠把比自己能力強的人招攬到自己旗下，並且誠心相待。小企業老闆切莫把自己的企業辦成武大郎開的燒餅店，要知道，人才才是發展的根本。

對小企業老闆來說，遇到能力比自己強的人才，要勇於留住並重用。不要因自己的一點私心而阻礙企業的發展，這是得不償失的行為。當然，這些人在性格上一般有一股傲氣和強勁，運用起來不太順手。如何處理這一矛盾呢？

* **心存「憂心」，轉變觀念**：小企業創辦不容易，守住基業，發展壯大更不容易。因此，小企業生存發展的危機感最主要的是對企業內人才的危機感。如果小企業始終像個武大郎的燒餅店，這個企業很快就會被同行擠垮。人才與智力資源是企業內最寶貴的特質和財富，是小企業實現差別化競爭策略的前提條件。因而小企業老闆要把重視人才提高到企業發展的策略高度，真心誠意的去選用比自己強的技術與管理人才。

* **誠心待之**：「教人者，人恆教之。」對於比自己能力強的人才，越壓制他，他就越不服管；越尊重他，就越能使他對你信服。尊重表現在對於他們的工作（是他們發揮長處的方面），大膽放手，做出了成績歸功於他們，出了問題自己主動為之承擔責任。對於他們所長而正好為己所短的知識，不恥下問，主動請教，甘願當小學生。背後多講他們的好話，對其能力進行誇獎和讚賞，並表現出這也是企業的光榮和驕傲的自豪感。

* **適時適地的指出其不足，並協助他改正或補救**：所謂適時，就是在他急躁時使他冷靜下來；在他悲觀及情緒低落時為他加油打氣。所謂適地，就是根據對象的個性心理特徵，對承受力強且自我約束力低的人當眾指出其不足；對於承受力弱或自尊心強的人用「蜻蜓點水」的方式予以暗示或私下單獨交換認知，分析其不足的原因。在指出不足的同時，要用實際行動來幫助他改正或補救，使他理解到老闆的做法不是在整他，而是在幫助他完善他自己。

* **推薦並提出忠告**：這些有能力的人希望做別的工作或提出離開企業時，首先要表示同意，並向他們提出忠告，看從事的工作是否適合他們，根據他本人的情況及即將面臨的環境，應注意哪些問題。同時表達，若到新職位後感到不適，歡迎他回來。另外，應積極推薦他們去做更能發揮其長處、更能做出貢獻的事，因為這樣做不但能使被推薦者對老闆產生敬意，而且還能使其他未被推薦者也對老闆產生敬意，結果必然透過多做工作、做好工作來回報。

　　在職場中，勇於用比自己強的人，做一個識得千里馬的伯樂，是一個主管的責任，同時也是一種有氣度的表現。一個不懂得利用資源的主管，只會誤人誤己，將企業帶入歧途。

第八章
贏在商場 —— 綻放智慧的光芒

競爭是生意場上生存的唯一途徑，在沒有第二條路的情況下，千萬人過獨木橋的現象也並不少見，這些人當中，有一些能夠安然度過，而有一些則在中途便被淘汰下來。

商場競爭需要具備很多條件，不但要有智慧，還要有眼光和勇氣，要根據市場情況的變化進行適時調整，從而在商場上立足並發展。商場如戰場，沒有一顆堅定的心是無法走到最後的。

抓準時機，以巧取勝

　　商場是一個沒有硝煙的戰場，每天要面對不同的人，與不同的人打交道，當然少不了勇氣和智慧。在生意場上，影響成功的因素有很多，除了自身的原因外，好的時機，對生意的談成也是大有裨益的。有很多生意談判之所以沒成功，並不是因為執行不到位，而是執行的人沒有選擇適當的時機。

　　選擇時機在談生意中比其他任何的因素都更為重要，它的作用在整個談生意過程都發生作用，我們應該何時與對方談生意？我們在什麼時候向對方提出這個要求最為合適？在這個階段能不能向對方施加壓力？談生意到了現在可以結束嗎？談生意的每一個進程都要在良好的時機下步步為營，時機掌握得不好，我們可能還沒開始與對方談生意就已遭到失敗。也許本來很快就可以與對方達成協議，但卻因我們沒有掌握住時機，而不得不繼續與他討價還價，由此讓我們的利益受到了損失……所以，時機有可能幫助你提高談生意的成功率，但也可能把整個生意搞得很糟，一切就看我們如何掌握了。

　　許多談生意者取消表面上對他非常有利的交易，其原因僅僅是他們選擇的時機不當。如果有人對一項規畫或一筆交易表示反對，這並不一定是因為他不喜歡這個規畫或這筆交易，很可能只不過是因為我們不知道的經濟原因或其他內部原因，對於那個特定的人、那種特定的環境和那個特定的時間而言，那樣的主意行不通而已。不過，如果相信一個想法，並且相信這個想法對某位特定顧客應該是有意義的，那麼就去拜訪他，告訴他你的想法。但要找一個比較有利的時間提出來，這樣更有利於獲得成效。當我們把談生意當中的一切關於時機選擇和難以捉摸的事情結合在一起時，

正確的或恰當的時機選擇，也許生意的成功只是幾句話而已。幾乎任何一項交易，不論是一筆簡單的買賣或是一系列歷時多年的複雜行為，都會發出它特有的感覺訊號，任何人都可讀取。只要我們細心觀察，就可以一擊擊中。

雖然在談生意過程中可以控制時機，但應從對方那裡得到行動的提示。顯然，要達到這個目的，應該做的是傾聽而非說話，而且要真正聽取對方告訴我們的話，並且善於理解它。只要我們的問題提得恰當，就可以獲得許多關於時機選擇的線索。

例如：對方公司出於預算或其他方面的考慮，一年內的某些時間比較能夠做出購買的決定，這一類資訊常常透過詢問就可以得到。猶太商人認為要想在談生意中選擇最好的時機出手，必須切記以下三個基本的原則。

（1）別輕易脫口而出

對於任何一項提議，應該先花時間去考慮一下，看看當時的形勢是否需要某種時機的選擇，或者我們是否可以利用時機的選擇得到好處。在沒有考慮清楚時，不要輕易的給什麼答覆。每次談生意，它的實際情況 —— 性質、複雜性以及在進行中所獲知的某些資訊，都能幫助我們了解什麼是時機，這個資訊，要與常識一起應用。

假如對對手一無所知，那麼，進行一筆交易的談判所要花的時間，顯然會長一些。如果對方被我們一開始所做的那段介紹詞所打動，在我們再次介紹之前，最好與他交換一些意見。如果知道對方接受交易的過程需要歷時數月，就不要試圖在幾個星期之後迫使他做出承諾，這就是一種時機的掌握。

（2）別失去耐心

我們常常受著要求立刻得到滿足這一欲望的驅使，公司的環境更加強調了這種衝動。接著做下一件事吧，這會減少一件令人煩心的事，這種想法也會讓我們在這件事上失去耐心。

實際上即使我們能使別人照我們的意思行事，也難以做到讓他們照我們的進度行事。人和事物總是按照他們自己的節拍運動，幾乎從來不會照我們的時間表來行事。所以，勸告談生意者，延緩追求瞬間能力，調整自己的時間表以配合別人的時間表。對於談生意者而言，關於時機選擇的各個方面，實在沒有比耐心更為重要的東西了。堅持不懈，正如通常所理解的那樣，談生意的數字遊戲在於向對方提出了多少個要求，又多少次耐心的向他們重複要求。耐心和堅持不懈是談生意的基本信條。

（3）不要懈怠

在得到對方承諾時，談生意的時機與何時應說什麼話、做什麼事同樣重要。我們用我們的頭腦來做這項工作，它透過感官直覺運算出透過分析思維不可能得到的答案，時機的選擇就是把這些感官直覺轉換為有意識的行動或有意識的靜默。如果把這份時間表想像為一筆交易的「全部時間」，或者想像為獨立於該項生意之外，上述的轉換過程就不費力了。

大多數交易似乎都有一個祕密的期限，它總是按照一種預定的程序和進度進行的。談一次生意需要花費的時間，可以是幾小時，也可以是幾天、幾月甚至幾年。每一個階段的時機選擇 —— 什麼時候和延續多久，這都需要我們去正確掌握和對待的。

正確的時機選擇就是依計行事，該做什麼就做什麼，該怎麼做就怎麼做。有些人在了解談生意的必需程序後，就想尋找捷徑。因為急於成交，

他們總想壓縮時間，或刪掉某些程序，他們看見了適當的時機選擇的標記卻置若罔聞，沒有對形勢做適當的誘導，他們必然會為生意寫下不愉快的結局。該出手時就出手──因為已到了出手的最佳時機。最好的談生意時機找到了，接下來的問題是，應如何善用它，利用它摧垮對手，在最後簽訂的協定上獲得最大的利益。切忌，不要把最好的時機棄置一旁，讓它無用武之地！

要在談生意過程中選擇適當的時機並不是一件容易的事，其實，每天都會有許多意想不到的時機出現在我們面前，我們並不一定要成為能預知未來的神人，只要做一個能夠掌握時機的普通人，同樣會獲得成功。

信心是發展的基礎

在現代社會中，一個喪失信心的人，是無法真正獲得成功的，尤其是在生意場上，信心是事業發展的基礎，沒有信心，也就等於失去了一切。同時，信心是成熟和成功的催化劑，是開啟人生和未知世界大門的金鑰匙，一個人要想事業有成，就必須擁有無堅不摧的理想和信念。

曾經擔任過美國橄欖球聯合會主席的杜根（Dugan）說過這樣一段話：「你認為自己被打倒，那你就是被打倒了。你認為自己屹立不倒，那你就是屹立不倒。你想勝利，又認為自己不能，那你就不會勝利。你認為你會失敗，你就失敗。」由此可見，信心對一個人的成功是發揮決定作用的。人的想法是能夠指導行動的，有信心，心中自然充滿希望和動力，有向前衝的打拚精神。一切勝利皆始於個人求勝的意志與信心。因此，必須往好處想，必須對自己有信心，才能獲得成功。信心就像一扇門，想要獲得裡面的東西，必須有勇氣推開這扇門。生活中，強者不一定是勝利者，

但是，勝利最終屬於有信心的人。

失去信心，目標就是短命的，強烈的信念可以使一個創業者成為企業家，信心在成功的道路上扮演著一個推手的角色。

西方科學家在實驗中發現：人的能力在一般情況下，只發揮了很少一部分，而在受到充分激勵條件下，有可能幾乎全部發揮出來，但不是每個人都能意識到，自己的能力簡直就是一個處於潛伏期的活火山，一旦有足夠的信念誘使其噴發，必將勢不可擋。信心和勝利是孿生姐妹，不安於現狀，勇於進取的開拓者，才能有所作為，不甘沉淪，才能奏響人生中華美樂章。

杜絕守舊，走出泥潭

革新與毅力結伴，迎來的會是事業的興旺發達；保守與畏縮並存，將永遠駛不出避風的港灣。在生意場上，競爭是激烈和殘酷的，為了不被社會所淘汰，每個人都在努力充實自己，希望用自己的付出，能引導企業更好的發展。

創新對於企業經營有著非常重大的意義。俗話說：「流水不腐，戶樞不蠹。」對於創富的經營者來說必須永保創新的青春，才能立足於商海。一旦停止了創新，停止了進取，哪怕是在原地踏步，其實也是在後退，因為其他的創業者仍在前進，在創新，在發展。

「創新者生，墨守成規者死」，這是一個被無數事實證明了的真理。很多創業者就是不懂得這個規律，稍有成就就裹足不前，坐吃老本，不再創新，不再開拓，妄求保本經營，結果不到幾年，就落伍了，被往前行的時代淘汰了。

商海中勇敢進取的人則永遠以創造的姿態搏擊風浪。他們是一群想法極其活躍者，他們有無窮無盡的創造性想像力。原因是他們首先進行擴散性思考。所謂擴散性思考，就如同灑水器一樣，它是對一個課題做多方面聯想的。在提出足夠的辦法之後，再加以集中考慮、宛如經過凸透鏡上的光聚集於一點的焦點，或組合成許多主意，加以篩選，然後找出在現有條件下的最佳方案。想法活躍的人，採取首先做擴散性思考，而後再集中式思考的兩段思考，往往就能想出比他人更好、更可行的主意，而一般人進行的則是短路思考，即把最先浮現的想法不加處理的付諸於實施，因而大多數流於無的放矢。

　　與擴散性思考相連結的是想像力。豐富的想像力是想法活躍者的財富、創新的泉源。在想像力中，最主要的又是空想與聯想。

　　義大利的天才藝術家、科學家達文西，曾遐想過人類也能像飛鳥一樣翱翔在天空，這種遐想在當時被認為是空想，因為當時沒有任何人認為是可行的，也沒有任何人做過這樣的遐想。然而達文西卻就此事做了種種空想，並畫了草圖，其中之一成了現今的日本航空公司商標。未過多久，達文西其他的一些空想圖便具體化了，變為直升機、進而發展為噴射飛機、火箭。

　　不論是天才還是普通人，他們同樣都有著空想力和以現實的理性思考問題的能力。不過，普通人只能以現實的理性去思考問題，因而，他們的空想力便逐漸萎縮。而天才卻樂於運用空想力，在他思考事物時，首先求之於空想。他在遙遠的空想彼岸抓住啟示，然後再返回現實中來，所以，他的想法飛躍度極高。要想成為能夠推出飛躍的創造性思維的想法活躍者，就必須學習這種運用空想的天才的思考法。

　　創新對企業經營的意義，如同新鮮的空氣之於生命的意義。經營者應該不斷的在管理上創新，產品上創新，技術上創新，企業形象上創新，以

確保企業歷久不衰。

　　一個鄉下的醃菜店，發展成國際知名的食品加工製造商，而且能全靠個人力量、不靠外資的情形下完成，可算是經營上的一大奇蹟。創造這一奇蹟的是亨利‧亨氏（Henry John Heinz）。食品加工業是一個不太起眼的行業，但對消費者的影響卻是直接的。為了時常迎合消費者的口味，不讓他們有吃膩了的感覺，要時常動腦筋創造新口味的產品，來刺激市場的銷路。

　　亨氏在這方面也是個大行家。「我要讓所有口味不同的人，都有他們喜歡吃的食品。」這是亨氏的豪語。為達成他的這一理想，他經營的主要方針，一直都是「力求產品多樣性」。迎合大眾口味的產品固然要生產，適應特殊口味的產品也要生產。

　　「所有人都有權吃他自己喜歡吃的東西，不管他的口味是多麼與眾不同。」亨氏有一次對開發新產品的部門說，「供給每個人喜歡吃的東西，是我們從事食品加工業的義務。也許有些產品銷路少，成本高，根本不賺錢，甚至算上積壓貨物還要賠錢，我們還是要供應。」

　　這種「賠錢也做的生意經」，亨氏公司的高階職員有很多人表示反對，但幾十年來，亨氏始終未受這些反對意見左右，為該公司貨色齊全的「金字招牌」奠定了良好的基礎。

　　據統計，現在亨氏公司的產品種類已超過 600 種，雖然不能說已掌握了所有消費者的愛好，但對人們口味的適應已到達齊全的境地，不管是酸甜苦辣，你都能找到一、兩種你喜歡吃的東西。

　　在開發新產品方面，亨氏有一項超越時代性的創造，那就是「即食食品」的研製成功，這是他在一次偶然的事件中得到的靈感。

　　有一次，他到一個農莊裡去參加一個老朋友的宴會，在座的有不少主持家務的女士。當這些婦女們知道有一位食品製造專家在座時，她們對他

發生了興趣。以當時的情景來說，用「興趣」兩個字來形容並不太恰當，應該用「親切」或「關懷」才比較合適。因為那些女人想到家裡每天吃的東西，是由眼前這位長著大鬍子，相貌威嚴的人所製造出來的，不由得在心裡產生一種如見親人般的感受，再加上一種好奇心理的驅使，所以大家都圍在他的四周問長問短。

亨氏不厭其煩的一一回答，他覺得這是為自己產品做市場調查的好機會。因此，在滿足她們的好奇心之後，他主動的向她們提出了問題。

「各位覺得敝公司的產品哪一樣比較好？」有的說是「醃菜」，有的說是「番茄醬」，答案很多。「敝公司哪些產品有缺點需要改進？」這次的回答沒有上次踴躍了。倒不是她們客氣，而是人們對常吃的東西已成為習慣，不太容易找出毛病。事實上，一種天天吃的東西，也不可能一下子就找出它的缺點，因為如果你不喜歡吃它時，你早就不買它了。

沉默一會，一位年輕貌美的女士說：「我想在一般食品上，目前的種類和口味都差不多了，您何不在主食上動動腦筋？」

「請妳原諒，這位女士，」亨氏笑著說，「我不太懂妳的意思。」

「我的意思是，現在罐頭食品，不管是果醬、水果，都是打開來就能吃，但都是佐餐用的食品。如果能有一種主食，不用洗，不用煮，像罐頭一樣打開就能吃，不是很好嗎？」

亨氏不停的眨動眼睛，沉思著問：「妳何以會產生這樣的感想？」

少婦臉上泛起一層薄薄的紅暈，害羞的說：「我和我先生都在上班，而且剛結婚不久，每天做飯都要花很久的時間，麻煩死了！如果能有一種簡便的食品充飢，那就省事、省時多了。」

少婦抬頭看看四周的人，帶點解釋的口吻說：「當然了，這只是我這個懶人在異想天開，也許實際上根本辦不到，請各位別見笑。」

「說什麼見笑，」幾位太太異口同聲的說，「我們還不是也常有這種感覺。尤其是孩子們臨時餓了，或是先生有急事要趕時間，吃的東西做不好，真能把人急死。」

「是的，」一位衣著華麗的女人說，「我常常覺得把太多的時間花費在做飯上，是一種很大的浪費。尤其在臨睡前，為了想吃點點心而大費手腳，實在划不來。」

「現在就請我們這位大老闆想想辦法吧。」一位比較刁鑽的中年女人說，「請您研究一種最簡便的食物，就像沖泡牛奶一樣人人都能做，為我們主婦們省去一些操勞之苦。」

亨氏興奮的說：「這是個很好的構想！我想我一定可以辦得到。」

回去後，亨氏把這一構想告訴了他的研究人員，著手研究即食食品的製造。他認為這是他推行食品多樣性的政策中，一個極為重大的變化。

他早就看出，工業越發達，人們的時間越寶貴。因此，日常生活中的用品也就要越簡便省時。即食食品如能研究成功，必定會大受歡迎。

他的推測非常正確，當亨氏公司的即食食品上市時，的確使人有耳目一新之感。有用開水一沖就可以吃的通心粉，也有用水沖泡的沙拉醬，為那些每天生活匆忙的人帶來了不少便利。雖然在口味上也許比一般現煮的要差一點，但卻真正迎合了大眾的心理，因此，他走向了成功。這就是一種創新，從這個故事中，我們看到了創新在企業中的作用。一個沒有創新的企業，是無法真正得到發展的。

有人說，創新很難，畢竟每個人的能力有限，誰會經常性的找到創新點呢？是啊，一個人的能力的確有限，但團體的力量卻是無限的。只要善於集思廣益，就可以發現創新的亮點，從而讓自己的企業更具市場競爭力。

虛虛實實，讓對手無從下手

　　生意場上充斥著各式各樣的資訊，有些資訊是真實的，有些則是虛假的，這些資訊混合在一起，讓人真假難辨。這種事情在生意場上，並不少見，有些虛假資訊，是對手故意釋放出來，從而使其發揮煙霧彈的作用。

　　古人說：「水至清則無魚。」其實人也一樣，如果做人像清澈的池水一樣，一眼望到底，沒有城府，就很容易被人控制，身在變化莫測的社會中，那麼這個人的前途就可想而知了。所以做人應該有城府，要有點「心機」。要像狡兔三窟，這樣才能在處處「險惡」的社會環境中生存下來。生意場上更須如此。

　　正所謂「商場如戰場」，商不厭詐，不懂計謀，不懂偽詐的商人肯定會被商海無情的吞噬掉。因此，身在商海的商人應該學學兔子的築窩技巧，多做幾個有模有樣的窩，多放幾處來迷惑對手，虛虛實實，讓對手判斷不準，無從下手，這樣才能在激烈的商戰中脫穎而出，成為最後的勝利者。

　　在 1970 年代中期的一場「世紀工程」奪標大戰中，韓國企業家鄭周永就採用虛虛實實，巧用「煙幕彈」的辦法在奪標過程中大獲全勝，讓我們來看看這位精明的韓國企業家是怎麼做的。

　　1975 年，石油富國阿拉伯聯合大公國對外宣布了一個驚人的決定：將在杜拜興建大型油港，預算總額為 10 億至 15 億美元，並向全世界各大承建公司公開招標。

　　這項工程投資十分龐大，在當時堪稱「世紀工程」。這個驚人消息立即傳遍世界各國，引起了世界頂尖建築商們的關注，其中躍躍欲試者有，望而卻步者也有。

1976 年 2 月，一場驚人的「世紀工程」奪標大戰正式拉開帷幕。

這時，號稱「歐洲五大建築公司」的德國三家公司，英國一家公司，荷蘭一家公司，已早早踏上了這個海灣國家，企圖打敗競爭對手，奪標獲勝。另外，美國、法國、日本等國家的頭號建築公司也匆匆遠道趕來，決意參與這場大角逐。

最後一個到來的，是韓國鄭周永率領的現代建設集團。儘管這是個姍姍來遲的插隊者，但他卻是競爭中的強者。雖然，「世紀工程」的招標還未正式開始，各路英雄豪傑都在暗暗的使用技巧，施展招數。

一天，鄭周永的好友、大韓航空公司社長趙重勳突然盛情邀請鄭周永去喝酒敘舊，鄭周永再三推辭不過，只好應邀赴宴。他們找到一間幽靜的小包廂，邊喝邊聊起來。酒過三杯，趙重勳突然對鄭周永說：「鄭兄，這項工程可是塊難啃的骨頭啊！」「就是再難啃，我也有把握把它啃下來！」鄭周永胸有成竹的說。

「唉，你何苦非要冒這個險呢！」接著，趙重勳壓低嗓門說，「只要你肯退出來，你還可以不勞而獲，得到一筆可觀的意外之財，何樂而不為呢？」鄭周永暗吃一驚，這才知道老友的意思，卻不動聲色的問：「有這樣的好事？」

趙重勳以為對方動心，便乾脆把話挑明：「不瞞老兄，是法國一家公司委託我來勸你的。他們說，只要不參加競標，他們立刻付給你 1,000 萬美金」。

鄭周永暗暗冷笑：「法國人也太小看我了，這點小錢就想打發我退出！」他沉吟了一陣，想出了一個妙計。

「趙兄的好意，小弟心領了。但這項工程我還是爭定了。」

「唉，兩頭都是朋友，我也是為你們著想。」趙重勳不免有點失望的

說道。這時，鄭周永舉杯一飲而盡，抱歉的說：「趙兄，失陪了。我還有件緊急的事要辦。」

「什麼緊急的事？我能幫你嗎？」

「唉，還不是為那 1,000 萬保證金……」鄭周永故意把話「掐」住，於是他滿懷氣憤的告別老友。

法國人得知這一來之不易的「情報」後，就開始在鄭周永的投標報價上做文章，按照投標規定，中標者需要預交工程投標價格的 2% 的保證金。由此，他們便判定鄭周永的現代建設集團的實際報價可能在 20 億美元左右，最少也在 16 億美元以上。

然而，這正是鄭周永的用心良苦，他想透過朋友的嘴給對方一個「回報」。在此期間，鄭周永頻頻利用「假情報」向其他競爭者施放煙幕彈，設置假象，來擾亂對手的陣腳。

在鄭周永的那間封閉保密的會議室，燈火通明，氣氛緊張。鄭周永正在為他的決戰做最後準備。在報價問題上，鄭周永甚是煞費心機，他仗著自己旗下的現代重工業及造船廠等大企業能夠提供前線大量廉價的裝備和建材，仗著自己建立起來的「橋頭堡」，決心使出殺手鐧「傾銷價格」，來力排群雄，在競爭中大獲全勝。

起初，他經過分析和借鑑國外建設工程價目表，初步擬定了整體工程報價為 12 億美元。爾後，經過再三考慮後，鄭周永對初始報價 12 億美元先後進行了 25% 和 5% 的兩次削減，最後定價為 8 億 7 千萬美元。

對此，他的高階助手田甲源持反對態度，認為削減到 25％，即 9.3114 億美元就可以了。但是鄭周永卻一意孤行，他認為在投標報價問題上，不同於比賽，它只有第一名，沒有第二名，要想獲勝，報價必須通過強烈的競爭，尤其是在大型專案上更要有十拿九穩的把握。

　　1976 年 2 月 16 日，這是決定鄭周永與他的現代建設集團走向世界的關鍵一刻。

　　現代建設集團的投標代表是田甲源，然而這位肩負重擔的田甲源先生卻在關鍵性的最後一刻裡自行其是，在投標價格表上填上 9.3114 億美元。填完報價數目後，田甲源懷著勝利的信心走進工程投標最高審決辦公室。

　　那裡的工作人員緊張的忙碌著，整個辦公室裡就像一張超大型的針氈，田甲源坐也不是，站也不是，當他聽到主持人說美國公司報價 9.044 億美元時，剎那間他臉色慘白，跟蹌的走到鄭周永面前，含含糊糊的說：「鄭董事長的決定是對的，我……我沒有照你的話辦，結果比美國人多……多了 300 萬美元。我們失敗啦！」

　　鄭周永看到田甲源難受的樣子，感到中標已經沒有希望了，他真想給田甲源一記響亮的耳光，然而這裡畢竟不是韓國，而是「世紀工程」的招標會議室。正當他拔腿想要離開會議室的一瞬間，另一個助手鄭文濤激動萬分的從仲裁室跑到鄭周永面前大聲的喊道：「董事長，我們勝利了！我們成功了！」

　　鄭文濤的消息使現代建設集團的所有在場人員都像木偶似的，他們不知所措，到底是田甲源錯了，還是鄭文濤對了？真讓人大惑不解。

　　原來，美國公司的報價是分兩部分進行的，僅上部分就是 9.044 億美元。相比之下，田甲源填的 9.3114 億美元的報價是最低報價。

　　當杜拜海灣油港招標仲裁委員會最後宣布現代建設集團以 9.3114 億美元的報價摘取這項本世紀最大工程的招標桂冠時，在場者都像中了什麼法術似的，個個呈現一副驚呆之狀，鄭周永自己也不敢相信，更何況田甲源呢？對於這個報價，西方的所有強勁對手都驚愕不已，他們覺得受了鄭周永的欺騙。但他們卻明白，這就是生意場上的生存法則，過於實在的

人，是無法在生意場上生存並發展的。虛虛實實，才能真正讓對手找不到方向，從而營造出更有利自己的經營環境。

「野心」是創業者的前奏

真正的創業者，從來不為自己留下退路，相反，則往往是在山重水複中踏出一條新路來。留有後路，就意味著有回頭的機會，這個機會對創業者而言，就是一個深淵。有可能，回頭會更安全，但卻失去了翱翔天空的機會。這就像剛會飛的小鳥，窩是擋風遮雨的地方，但卻無法使其領略天空的美麗。創業者要有野心，不為自己留後路，唯有如此，才能真正演奏出動人心魄的震撼樂曲。這種「野心」從某種意義上來說，也是所有商人不得不順從的一種宿命。

在松下幸之助輝煌的一生中，最具決定性的日子是 1917 年 5 月 15 日。這一天，他做出了一個令人震驚的決定 —— 辭掉了令人羨慕，還沒做滿兩個月的電燈公司檢查員工作，從此踏上了一條充滿艱難險阻而又波瀾壯闊的人生旅途。

當天，松下幸之助起得很早，把辭職的理由在心裡唸了一遍又一遍：「不要猶豫，男子漢要有決斷的勇氣！」

這天，主任原本打算派他去執行一項重要任務，還沒開口，松下幸之助就將寫好的辭呈交給了主任。

主任接過他的辭呈，非常吃驚，疑惑不解的問道：「松下君，我並不想挽留你。但是，你今年開春才升任檢查員，辭職不是太可惜了嗎？公司對你這樣器重，你是前途無量呀，你辭職後能做什麼呢？坦率的說，我不是潑你的冷水，而是認為這根本行不通，你可得三思而後行啊！」

　　松下幸之助聽完主任這番話，信心有點動搖了，覺得自己的辭職確實是太冒失了，但他很快鎮靜下來了，用果斷的口氣說：「謝謝主任的關心，我已經下定決心了，還是讓我辭職吧。」松下幸之助辭職的決定確實使人費解。他 15 歲進入電燈公司，由於技術精湛，22 歲就當上了檢查員，該公司還沒有過像他這樣年輕的檢查員。公司對松下寄以厚望，誰想得到，他竟然放棄金飯碗，執意要去開創自己的事業。

　　其實，松下幸之助從實習生涯開始，就有了創業念頭。松下幸之助 15 歲進入電燈公司做實習生，這裡的實習期通常要半年至一年，松下因為好學上進，只花了三個月就被提拔為內線員。他的脫穎而出，令眾人不敢小覷。

　　松下幸之助認定電氣是個極具發展前景的行業，因而在技術上更加精益求精，並且立下「要以此發跡」的野心。

　　那時的電氣工人都以求知為新潮，他也下決心讀夜校，經過一年的努力拿到了文憑。接著，他又進了電機科就讀。這種學習跟他從事的職業密切相關，但松下幸之助卻感到極為困難，因為，他只接受過四年正規的小學教育。於是，他知難而退，中途輟學了。

　　他的父親松下政楠安慰他：「只要做成大生意，你就可以僱用許許多多有學問的人為你服務，因此，不要在乎你有多少知識。」後來，松下幸之助確實做到了這一點。

　　松下幸之助的內弟井植歲男，曾任日本三洋電機株式會社的社長，他是這樣評價當時松下的行為的：「在常人看來，電燈公司的檢查員是個穩定的鐵飯碗，而松下卻感到寄人籬下，壓制了自己的能力。這種想法，實際上已經奠定了松下幸之助創建龐大事業的基礎。」

　　事實確是如此，松下幸之助一旦看準了的東西，就會不顧一切的去追求。主任的話不僅沒有動搖他的自信，反而堅定了他繼續研究的決心。這

件事直接導致了他的辭職和以後的獨立創業。

創業之時應該選擇什麼行業呢？正如邱永漢所總結的：「成功的創業是從自己所熟悉的行業開始的。」松下幸之助熟悉與電氣行業密切相關的電氣器材，便以此為創業方向。

生產電氣器材必須設立廠房，但松下幸之助的自有資金還不到一百日圓，又從朋友和原來的同事那裡借到一百日圓，這才勉強解決了開工廠的資金，廠房就設在自己一家人居住的簡陋平房裡。但是，松下由此起步，終於創造了舉世聞名的松下電器，使他成為一位偉大的商人。

他由一個卑微的學徒，一步一步建立了松下電器王國，成為聞名遐邇的企業家，按松下自己的說法是因為他的運氣特別好。

但是，日本的電器商是如此之多，運氣為什麼獨獨鍾愛松下幸之助，而不降臨別人身上呢？

著名企業家井植歲男對松下的「運氣說」有這樣一段精彩的詮釋：「人生對於男人來說，實際就是工作，只有依靠一些重大的轉折機遇，才能實現固有的價值，而轉折機遇不是上天恩賜的，它來自於像松下幸之助這樣孜孜不倦的追求。」

松下幸之助在漫長的創業路途上，當然也碰到過許多艱難和曲折，但在他人生的每一個重要關頭，都能逢凶化吉，即使有時出現錯誤的判斷，最後也能做出正確的抉擇。

事實上，松下電器王國不是憑運氣締造的。身為這個王國的決策者，松下幸之助有許多過人之處。他除了擁有商人的精明，還潛藏著戰士的鬥志、軍師的謀略、政治家的遠見和將軍的果敢。野心是他創業的原動力。沒有野心，也就沒有我們現在所看到的松下王國。創業者如此，平凡中創造不平凡也不例外。正是這份不甘平凡的野心，創造了一個又一個世界的奇蹟。

你的品牌有粉絲嗎

　　提到粉絲，很多人首先想到的是明星，這個由崇拜引出的群體，成為一個特殊的存在，其熱心程度，沒有經歷過的人是無法真正體會的。現在，由明星粉絲又衍生出了品牌的粉絲，很多人對一種品牌情有獨鍾，他們是這樣一群消費者：一是對所鍾愛的品牌各個方面瞭若指掌、津津樂道，認為自己長期使用此品牌，有一定的發言權。二是對品牌的忠實猶如宗教信徒般虔誠，自發的對該品牌進行捍衛，對於一些外來的攻擊，積極予以回應。三是他們有意和其他品牌的擁護者區別開來，甚至對其他消費族群嗤之以鼻。他們積極參加該品牌舉辦的各種活動，並為自己是該品牌的追隨者而感到驕傲。這群消費者將該品牌提供的一系列滿足，包括物質的和精神的，不遺餘力的向其他消費者推薦。用行銷術語講，這就是「品牌崇拜」。

　　「為了一根『駱駝』菸，我願多走一哩路」，這個廣告詞在美國家喻戶曉，一根菸的吸引力有多大，我們從這個廣告中就可瞧出端倪。如果有人問你，你願意為了吸一根菸多走上一英里路嗎？你肯定搖頭。但美國癮君子們會像在教堂中婚誓一樣，毫不猶豫的回答「我願意」。這根菸的意義已經超過了實物本身。「為了一根『駱駝』菸，我願多走一哩路」，「Camel（駱駝）」香菸至今在美國癮君子心中仍然歷久不衰。不要覺得言過其實，因為這句廣告語來自消費者親口所言，是對 Camel 香菸的由衷喜愛和讚嘆。

　　1920 年，在一場高爾夫球賽的間隙，一個運動員走向觀眾席，向其中一名觀眾要了一根駱駝香菸。在享受混合著維吉尼亞菸草和土耳其菸草的濃烈芳香的片刻，這位運動員不禁大發感慨：「為了一根『駱駝』，我

願多走一哩路啊！」湊巧的是，給他香菸的那名觀眾恰巧是駱駝香菸廣告代理公司的員工！這名員工記下了這句感慨並將它帶回公司。後來，駱駝香菸就有了這句經典的廣告語，並且一用就是 30 多年。憑著大眾的萬般寵愛，駱駝香菸贏得了美國銷量第一的市場地位，這一殊榮持續了長達 40 多年。

這個品牌的香菸發展至今，已擁有了眾多的粉絲，他們用自己的實際行動保護著品牌，讓這個品牌形成良好的口碑，但粉絲們對品牌也並非百依百順，相反，一旦品牌與它一貫宣導的價值觀主張相違，崇拜者就會發出自己的聲音，敦促其糾正這種偏差行為。而這種力量往往能夠迫使品牌改變決策，回到原來的軌道按崇拜者的意願行事。為什麼這種反作用的力量如此強大？因為品牌擁戴者們已經視品牌精神為個人信仰，看似無關緊要的改變對他們而言卻不亞於信仰危機。

一個企業要想在商場上具有較強的競爭力，就要打造屬於自己的品牌和文化，這些產品附加價值出來後，還要有人群擁護，這些消費人群，就是我們所說的粉絲。一個好的品牌不但能吸引新顧客，更重要的是要獲得老顧客的長久支持和信賴，讓他們對該品牌產生一種莫名的吸引，從而在消費的同時，還會將品牌的發展作為自己的責任，盡心盡力為品牌進行口碑宣傳。讓更多的人加入到該品牌的消費行列。這就是品牌的粉絲，正是這些粉絲的存在，讓品牌之路越走越遠。

知己知彼，百戰不殆

　　一個充滿智慧的軍事家，每次在攻擊對手之前，絕不會掉以輕心，即使對手的實力很弱，他也會小心謹慎的對待，這一點是軍事家成功的祕訣。「鷹撲兔子尚須盡全力」，更何況是充滿多變因素的戰場。現在商場競爭的激烈程度不亞於戰場，在商場中，要學會不莽撞出擊，一定要等到完全掌握了對手的實力，在對手最意想不到的時刻才開始攻擊。在知己知彼的情況下，做到一擊擊中，使對手毫無還手之力。

　　天下最可怕的人是在不知己不知彼的情況下，就急於行動。這種盲目性曾經叫天下多少人都吃了苦頭。商人最忌盲目出擊，誤以為自己能得手，實則是亂出手，結果導致失手。當然，按部就班難以有大的成就，大冒險可以獲得大收益。不過，冒險不能盲目，要組織嚴密，不打無準備、無把握之仗。李嘉誠時刻提醒自己要打就打有準備、有把握之仗，這一點是他致勝的關鍵之一。

　　《三十六計》中強調以「穩」求勝，即不可在沒有準備估算的情況下，就冒失的出手。同樣，如何做到穩中求進，步步加大，則是經商者經營思考的重點問題之一。在這個問題上，李嘉誠做到了，他懂得穩步經營法則，並且運用起來嫻熟自如，充分顯示出大商人的氣派。

　　香港註冊的公司在倫敦上市並不稀奇。令人矚目的是長江實業首開香港股票在加拿大掛牌買賣之先河。1974 年 6 月，在加拿大帝國商業銀行的促成下，加拿大政府批准長江實業的上市申請，長實股票在溫哥華證券交易所發售。

　　李嘉誠全方位在香港和海外股市集資，為長江的拓展提供了雄厚的資金基礎。將公司上市，是壯大自身實力的一條快捷而有效的途徑。立志趨

上並超越置地的李嘉誠，及時躋身股市。

後來的事實證明，李嘉誠在股市比他辦實業更具天賦。李嘉誠找到了發揮專長的最佳舞臺。海外上市，是李嘉誠事業的一次大飛躍，上市之後，他穩紮穩打，步步為營。

我們回顧李嘉誠走過的歷程，會發現他的行為軌跡，與古人推崇的「文武之道，一張一弛」驚人的相似。李嘉誠是個從傳統文化氛圍中走出來的新型企業家，他能夠自覺或不自覺的剔其糟粕，取其精華，與現代商業文化結合為一體。西方經濟學家探討日本和亞洲四小龍經濟騰飛的奧祕，驚奇的發現東方傳統文化的神奇作用。

我們不得不折服李嘉誠在「炒風刮得港人醉」的瘋狂時期，絲毫不為炒股的暴利所心動，穩健的走他認準了的正途 —— 房地產業。

而不少房地產商放下正業不顧，將客戶繳納的房屋頭期款，抵押獲得銀行貸款，全額投放到股市，大炒股票，以求牟取比房地產更優厚的利潤。

炒風越刮越熱，各業紛紛介入股市，趁熱上市，借風炒股。連眾多的升斗小民，也不惜變賣首飾、出賣祖業，攜資入市炒股。職業炒手更是興風作浪，哄抬股價，造市拋股。香港股市處於空前的瘋狂之中。1972 年，滙豐銀行高層主管桑達士（Sir John Anthony Holt Saunders）指出：「目前股價已升到極不合理的地步，務請投資者持謹慎態度。」

桑達士的警告，湮沒在「要股票，不要鈔票」的喧囂之中。1973 年 3 月 9 日，恆生指數飆升歷史高峰，一年間，升幅 5.3 倍，剛入股市的李嘉誠絲毫不為炒股的暴利所動，他深知證券市場變幻急速且無常。他堅持穩健發展的原則，顯出了高人一籌的心理特質。

果然物極必反。在紛亂的股票狂潮中，一些不法之徒偽造股票，混入股市，東窗事發，觸發股民拋售，股市一瀉千里，大熊出籠。當時遠東會

的證券分析員指出：假股事件只是導火線，牛退熊出的根本原因，是投資者盲目入市投機，公司贏利遠遠追不上股價的升幅，恆指攀升到脫離實際的高位。

　　恆生指數由 1973 年 3 月 9 日的 1,774.96 點，迅速滑落到 4 月底收市的 816.39 點的水準。是年下半年，又遇世界性石油危機，直接影響到香港的加工貿易業。1973 年底，恆指再跌至 433.7 點；1974 年 12 月 10 日，跌破 1970 年以來的新低點 —— 150.11 點。其後，恆指緩慢回升，1975 年底，回升到 350 點。除極少數脫身快者，大部分投資者均鎩羽而歸，有的還傾家蕩產。香港股市一片愁雲慘霧。

　　李嘉誠給我們的啟迪是，身為投資者，應該確定自己開拓發展的原則方略，堅持獨行，而不應只顧眼前利益，為暴利所動。偏離航道，三心二意，也許會賺一、兩次，但長此以往，沒有自己的原則，終不是成大器之所為。

　　誠然，也有極少數精明的股市高手以炒股牟取了暴利，又能審時度勢，在股災降臨之前抽身撤退，他們所賺遠在李嘉誠之上。

　　假如我們選擇風險極大的投機，就應該冷靜的分析自身是否具備那般高超的本事。同時還應有充分的失敗的心理準備，在準備暴賺大利之前，首先要想到血本無歸。

　　我們不能說李嘉誠的經商法則是唯一可行的，但以李嘉誠的成就，足可令我們深思和借鑑。知己知彼，就可以更清楚的看清未來，李嘉誠看到了股市瘋狂背後的不正常，所以保持著一顆冷靜的心，而事實也證明，李嘉誠的這一選擇是正確的。生意場上只有勇氣是不夠的，還要配以智慧，唯有做到知己知彼，才能做到百戰不殆。

　　力求主動，力避被動，執行有利決戰，避免不利決戰，每戰必有準備，立足於能夠應付最困難、最複雜的情況，力求有勝利的把握。沒有人

是常勝將軍，但知己知彼可以讓我們減少失利的次數。在商業競爭如此激烈的今天，少失利一次，就可以讓我們向前邁進一步，離成功距離便會越來越近。

打破常規，跟著時代的步伐

今天的世界，是一個變革的時代，變革無處不在，無時不在發生。一方面，世界各國的科學技術日新月異地發展，另一方面，國家的各種改革浪潮方興未艾。

例如，在改革的過程中，各個國家都對自身進行深刻的反思，都意識到對傳統模式的突破成了當務之急，而這個突破必須從思維開始。在對當代國際和國內的經濟政治形勢進行科學分析基礎上，從新的角度、用新的方式思考和解釋了當代社會中的一些重大問題，這使使已經習慣於常規生活的人們耳目一新。

因此，我們思考問題不能夠再按照過去的模式和規則進行了，社會生活的發展變化要求我們必須運用變革思維，在變化與創新中適應新生活。

歷史和現實，一次又一次的證明，只有打破常規，才能跳出禁錮，實現自己的目標。常規，就是人們解決社會或思維矛盾的現成規則，往往是在特定歷史條件下解決社會矛盾或思維矛盾成功的結果。它的成功，在當時為人們提供了新的思維規則和現成的經驗。久而久之，人們便習慣於這種思維規則，並把這種規則在觀念和實踐中規範化，這樣便形成常規。

這裡有這麼一則故事。約翰和皮特曾經打賭，約翰說：「我如果送給你一個鳥籠，並且掛在你房中最顯眼的地方，那麼，我保證你就會去買一隻鳥回來。」

　　皮特笑了起來，說：「養隻鳥是多麻煩的事情啊，我相信我不會去做這樣的傻事的。」於是，約翰就去買了一個鳥籠，並且是一個非常漂亮的鳥籠，讓皮特掛在自己房中最顯眼的地方。

　　果然沒過幾天，只要有人一走進皮特的房間，就會忍不住問他：「皮特，你的鳥什麼時候死的，為什麼死了啊？」

　　皮特回答道：「我從來都沒有養過鳥。」

　　「那麼，你要一個鳥籠做什麼啊？況且是如此漂亮的鳥籠。」

　　人們奇怪的看著他，就好像皮特有什麼問題似的，看得皮特自己都覺得自己好像有什麼問題了。就這樣，來一個人這麼說，再來一個人還這麼說，皮特最後還是去買了一隻鳥，把牠放在那個漂亮的鳥籠裡，因為他知道，這樣比無休止的向大家解釋要簡單得多。

　　你是否想到皮特是多麼的懊喪？但是人們一直處在一個習慣思維裡，在自己的大腦裡根本就沒有進行邏輯思維的動力，這也是為什麼在生活中有那麼多一意孤行、頑固不化而導致失敗的人的原因。由此可見，在生活中培養自己遇到問題時進行邏輯思維的習慣，對我們的生活和事業是多麼重要。

　　皮特的思維，因為受周圍的環境和人們的影響而改變，他的常規被打破了。每個人的常規思維都會隨著社會生活的變化而變化，一輩子不改變自己的人就不能適應這個社會。

　　第一次世界大戰中，出現不少傑出的軍事將領。面對他們的赫赫戰績，誰又能懷疑他們的前途呢？然而，僅過了 20 年，到第二次世界大戰期間，這些將軍在全新的作戰方式面前，卻束手無策，有的在敵軍面前舉手投降，有的拱手讓出本國的權力和國土。

典型的是以法國的貝當（Henri Philippe Pétain）元帥為首的那批將領。第一次世界大戰，貝當元帥曾指揮過著名的凡爾登大戰，稱得上這次戰爭中叱吒風雲的人物。然而在第二次世界大戰中，他卻無法指揮這場全新的戰爭，於是，當希特勒軍隊的鐵蹄一踏入法國領土，他便與他手下的一些將軍們一起背叛了法蘭西民族。

　　後來成為法蘭西第五共和國總統的戴高樂，曾是貝當的學生。戴高樂在軍事學院讀書時，就預見到未來戰爭將採用全新的作戰方式和作戰武器，從而會出現與第一次世界大戰完全不同的作戰理論。他在書中預言，未來的戰爭將是裝甲部隊橫行的機械化戰爭，並提出了以裝甲軍團配合空軍為主要作戰形式的大縱深軍事思維。由於戴高樂較早的衝出第一次世界大戰時確立的軍事思維常規，加上他過人的勇敢和堅毅，使他在第二次歐洲軍事大較量中能夠力挽狂瀾，為法蘭西民族贏得了榮譽。

　　成功的實踐往往是對傳統思維常規的突破，同時，指導實踐成功的思維規則就又成了後人思維的新規範。歷史的進步就是在不斷的對自身否定中實現的。在這個過程中，勇於率先向常規挑戰的人，往往會較早的得到歷史的垂青。同樣，一味墨守成規、循規蹈矩的人往往會被歷史所拋棄，拋棄的速度與歷史變革的進度成正比。所以，一個人要想在迅速變化的社會中，跟上時代的潮流和步伐，就要不斷的更新自己，打破已有的常規思維。

　　每一棵橡樹都會結很多的種子，但是可能只有其中的一、兩個才會最終成為樹。創新思維也是一樣，它們一般都是很脆弱的，如果不好好保護，就會被消極的思維吞掉。因此，打破常規，開拓創新才能讓這棵小樹一點點長成參天大樹。

第八章　贏在商場—綻放智慧的光芒

第九章
贏在情感 —— 責任與浪漫共存

　　每個人的心中，都藏著一首記憶悠遠的歌。每顆心的深處，都裹著一個不可觸摸的夢。愛情是我們每個人嚮往的神聖國度，陷在愛情裡的人是幸福的，相愛是沒有理由的，正是這種莫名的吸引，讓很多人陷入愛河無法自拔。

　　愛情需要的東西很簡單，那就是真心，然而真正讀懂對方的心卻是一件難事，在愛的櫥窗前，有的人因害怕失望而猶豫，有的人則滿懷希望，體會真愛的滋味。愛情需要勇氣，沒有勇氣的人便失去了追愛的權力。愛情其實並沒有想像中那樣複雜，簡單才是愛情的真諦。

█ 距離讓感情走得更近

　　人與人之間都有一定的距離，再親密的人，也是完全獨立的兩個人，也須保持一定的距離，正如人們所言「距離產生美」。在男女戀愛過程中，女性對「分寸」非常敏感。在剛剛接觸時，她絕不允許你超出她允許的親近程度。而在你們熱戀當中，你的任何一次不合時機的「疏離」，都會被她認為是受到了冷淡或怠慢。

　　人類學家們發現，在我們身體的外部有一個肥皂泡似的透明罩包圍著我們，即所謂的「個人間隔」。這個間隔就好比是切開的雞蛋一樣，有好幾層構成同心圓。最核心的部分是「親密區」，它的範圍是由皮膚往外0.45 公尺，只有至親的親人、朋友和情人才能在這個區內接觸。往外一環是「個人區」，在我們面前 0.45 ～ 1.2 公尺，與要好的朋友和熟人互動就在這個區。再往外是「社交商討區」，在我們面前 1.2 ～ 3 公尺。3 公尺以外則是「公共區」，是不帶任何個人色彩的交際使用的，如聽課、在法庭上作證、觀看舞臺演出等。

　　在與新結識者互動時，最好是從側面接近對方。實驗結果顯示，正面的接近最使人感到不安。有一項研究發現，大學生們在別人從正面接近時，手心出的汗比從背後接近時多，這說明他們感到焦慮不安。

　　在情場之中，眼睛注視對方實際上就是消除了雙方之間的距離。在房間之中，隔著老遠注視對方，就像是把對方帶進了你的個人區。然而當雙方離得很近時，視線的互相接觸就不需要那麼長時間。距離和視覺接觸是可以互為替代的。因此，在相距過近之時，情侶之間凝眸相視會使他們由於過分親密而變得局促不安。在 0.45 ～ 1.2 公尺之間的個人區，視線接觸如果超過兩秒，對方便可能覺得你侵犯了他的隱私而感到不快。

因此，在男女交往中，成敗往往只在咫尺之間。只要站得遠了，無形之中就會顯得孤傲冷漠。然而要是越過了 0.69 公尺這一陌生者的範圍，就是說進入 0.61 公尺這個熟人區，又會讓人覺得來者魯莽唐突。

　　不過你也不必帶上捲尺上情場，大多數人對個人間隔的層次和範圍都有一種直覺。他們不自覺的領會社會間隔的結構，自然而然不超過界限。可是性情較差的男性往往覺得對個人間隔的界限很傷腦筋，而女性在這一方面似乎問題不太大。

　　卡爾‧馬克思（Karl Marx）與燕妮（Jenny Marx）的愛情故事早已膾炙人口。馬克思常在外奔波、流亡，不能廝守在妻子身邊，可他再忙也忘不了用他的生花妙筆表達他的愛情，讓彼此的感情走得更近。

　　哲人說過，很多事物之所以美麗，是因為我們與之存在著適當的距離。比如，去動物園看老虎，如果貼得太近、太親密了，就會很恐怖、很危險，老虎的爪子會抓傷你，如果後退幾步，隔著籠子再看老虎，你就會感到老虎是威武雄壯、色彩斑斕、富有陽剛之氣的「獸中之王」。再如，在高山上觀賞風光，你會生出「江山如此美麗」的慨嘆和讚美；而一旦靠得太近，你就會被一葉障目、不見天日了。

　　小劉和小梅是結婚多年的夫妻，但是他們的夫妻關係卻很不讓人樂觀。小梅過多的關心讓小劉覺得是種負擔。每次小劉出差，動身的前一天晚上，小梅會問他準備何時啟程，又問他飛機何時起飛。接著，她在腦子裡進行了一番盤算，胸有成竹的警告小劉：「你沒有留出足夠多的時間，不能及時坐上飛機。」小梅認為是在關心他，而小劉感覺到的卻是自尊受到了冒犯！小劉在世界各地授課，迄今為止，乘坐飛機飛行了整整 14 年，從來沒有錯過航班，哪裡用得著別人提醒！次日早晨，在小劉出發之前，妻子不厭其煩，又問了他一大堆問題，諸如：「你帶上機票了嗎？」

「錢包在身上嗎？」「你的錢夠用嗎？」「你襪子夠穿嗎？」「你知道在哪裡轉機嗎？」小梅覺得這是愛他的表現，而小劉卻認為她對自己缺乏信任，這也不放心，那也不放心，因此感到惱火。他經常對妻子做出暗示，不希望她以這樣的方式傳遞她的愛，婆婆媽媽的指點對方。他對彼此的感情充滿了疑惑。

夫妻兩個人應該深入的交流，告訴她不應該凡事操心，像母親那樣，為一方提供過於細微而煩瑣的照顧和保護。每個人渴望的愛與對方的信任是分不開的。所以，即使錯過了飛機，也不要對他說「我都跟你說過了，你不該……」諸如此類的話。要相信，自己的問題自己解決，過多的關心會讓對方產生負擔。夫妻雙方應站在平等的位置上，不應該有誰駕馭誰的表現，讓對方在你太多的關心下無法呼吸。

小張和小王是大學同學，小張一直很關心小王。結婚後，小張仍然對小王關懷備至，管他吃喝不說，也管他回家和工作。第二年，他們有了兒子，小張驕傲的對女性朋友說：「我像是帶著兩個孩子，累死了！」可是小王越來越不服管了，總是吵吵鬧鬧，兩人關係也因此越來越緊張。

距離產生美。情人如此，朋友如此，其他人際關係也如此。即使是親近的人之間，也需要適當的保持一段距離。不即不離，若即若離，不遠不近，恰到好處。這樣既可以避免摩擦，又可以給予彼此安全感。

多給彼此一些呼吸的空間

在很多人的眼中，婚姻是愛情的墳墓，甚至很多人認為，走進婚姻，也就失去了自我，本該快樂的婚姻也因此蒙上了一層淡淡的哀傷。因此要多給彼此一些呼吸的空間，更有利婚姻的長久。眾所周知，手上的沙子握得越緊，它流失得越快，夫妻之間也是一樣，要讓彼此有一個自由的空間，那會使你的婚姻生活更加完美。

男女戀愛時，有人說好得跟一個人似的，一天幾十個電話不說，飯一塊吃，路一塊走，書一塊看，形影相隨的痴男怨女，愛得死去活來轟轟烈烈，讓人感動至深。可是結婚後，男人就像換了一個人似的：結婚前答應每週看一次電影，現在一個月看一次就不錯了。答應下班和自己一塊去逛街的他，卻和朋友喝酒到深夜，不催根本就不想回家。妳精心準備了一天的晚飯，他回家吃上幾口，心不在焉說幾句「這個鹹了，那個淡了，這個蘿蔔沒洗乾淨，那個菜油放太多了」，吃完飯把碗一扔就去抽菸看電視了。妳總想跟他聊聊，談談他的工作，妳的衣服，還有週末陪妳回娘家的事，妳剛說上兩句他就直跟妳嚷嚷，把自己搞得筋疲力盡，對方也不開心。

婚姻生活由濃濃的咖啡變成了毫無味道的白開水，妳心裡也在嘀咕：「他是否不再愛我了？他是否有別的女人了？」於是妳盯得更緊了，噓寒問暖事事操心，不過他好像更反感了。難道真應了那句話，婚姻是愛情的墳墓？

事實上，男人忙完一天的工作，交際應酬迎來送去大多已經筋疲力盡了，回家好不容易落個清靜，徹底放鬆一下。這時，如果再黏住他，心情不好是想當然的了。同時，愛情猶如橡皮筋，不能總是繃緊著不放鬆。愛情亦如人的大腦的神經系統，時間長了一定是要歇一歇的。年輕男女步入

第九章　贏在情感—責任與浪漫共存

婚姻後，總想保持戀愛時的浪漫和甜蜜，又想衣食無憂、無牽無掛。殊不知柴米油鹽醬醋茶，樣樣要操心，而他操心完家裡的事情，更要操心工作上的事。兩人都很疲憊，這時如果再不分時機黏住對方，後果可想而知了。況且，愛情不可能總是處於「巔峰」狀態，夫妻的愛情是一種平平淡淡的感情，兩人最好能偶爾保持一段距離，適當分別一陣子會更好。

與伴侶保持一段距離的好處在於：夫妻的短暫分離使愛情暫時處於一種相對平靜的環境中，如人疲憊後歇歇腳一樣，休息夠了，精力更充沛。愛情打個瞌睡後，在雙方各自的心中會形成對另一半的一股悠悠思念，好像回到了戀愛那時候。因而，愛情的形成亦需要空間，若總是如新婚前後那樣形影相隨，如膠似漆黏在一塊，早晚兩人會產生倦怠心理。讓愛情歇歇腳，儘管愛情是我們生活中的重要內容，但絕非唯一的內容。更多的時候，夫妻雙方還承擔更多的責任，要騰出精力來實施自己的義務。如照顧雙方家裡的二老，撫養後代都要有個計畫。同時，還要承擔對社會的一份責任，為社會做出自己應有的貢獻。因為，愛情是維繫於現實生活中的，解決了婚姻家庭中的許多現實的生活問題，愛情才有所附著。總之，愛情是不能脫離生活的。

實際上，許多人都有過這樣共同的體驗 —— 距離產生美。人若長期接觸同一事物、同一工作，就會產生疲勞感，即使是一首很美妙的音樂、一幅很美的圖畫，如果你每天聽、反覆看，原先的美感也會逐漸消失。同樣，如果婚姻生活每天重複著同樣毫無變化的日子，兩人天天黏在一塊，彼此就會產生厭倦。所以，不要時刻黏在一塊，適當的保持一段距離，對兩人的感情歷久彌新是很有益的。

很多婚姻出現問題，甚至最終導致離婚，並不是因為第三者等外部因素，而是夫妻雙方自身的問題。不少這樣的女子，她們對丈夫一向奉行

「高壓和管理政策」，一方面她們不甘心平淡，希望丈夫成為人上人，於是想方設法、旁敲側擊的施壓，給予男人很大壓力。沒有呼吸的空間，愛情便會窒息。

張娣就是這樣一位女性，她太愛自己的丈夫了，望夫成龍，同時還想牢牢的抓住丈夫。她為了支持丈夫的事業，放棄了自己的工作，使自己失去事業依託，而丈夫事業有成後，她更是將人生所有的重心和希望都寄託於婚姻。然而因為過分的干涉彼此的空間，她越想抓牢婚姻就越是抓不牢，婚姻走向了破裂。可以說正是這種心態導致了她情感上的失敗。

一般情況下，在丈夫真正成了氣候之後，女人往往自己還在原地踏步，於是有了危機感，拚命想「抓緊」婚姻，比如干涉丈夫的生活，除了管生活小事，還要管他的錢包、查看他的手機，就連對方的工作都恨不得插一手，管來管去兩個人感情越來越糟，可是她們往往意識不到自己有什麼問題，反而覺得理所當然，她們認為自己為這個家、為對方付出了一切，當然應該享受這份婚姻，享受到丈夫更多的愛，更可怕的是因為對自己缺乏信心，害怕失去對方，便無休止的懷疑和猜忌。

可是，她們忘了，她們的愛已經成為了一種沉重的枷鎖，套在了男人的身上，對方已經感覺不到一絲愛的甜蜜。其實，女人看重婚姻本沒有什麼錯，只是當妳越想牢牢的掌控婚姻、拴住男人的時候，婚姻卻越容易出現危機，對方反而會離妳越來越遠。

其實婚姻中的男女，應該是獨立的個體，擁有自由的私人空間，擁有自己的朋友、自己的愛好、自己的事業，不要因過分依附於對方而失去自我。在感性的愛情裡也不要忘記留存一點理性的生活空間，不要試圖去主宰什麼，因為這世上沒有任何一個人願意成為他人的傀儡。有一個小故事很好的說明了這個道理。

第九章　贏在情感—責任與浪漫共存

一個女孩問她的母親：「在婚姻裡，我應該怎樣掌握愛情呢？」母親沒說什麼，只是找來一把沙，遞到女兒面前，女兒看見那捧沙在母親的手裡，沒有一點流失，接著母親開始用力將手握緊，沙子紛紛從她指縫間落下，握得越緊，落得越多，待母親再把手張開，沙子已所剩無幾。女孩看到這裡，終於領悟的點點頭。

婚姻的道理與此相似，要想讓婚姻長久、美滿、幸福，那就不要每天「盯著」、「看著」、「防著」、「握著」，恰恰是別把婚姻「抓」得太緊！夫妻間有所保留，這不能視之為對愛情的不忠，這是一種夫妻相處的藝術。夫妻就像兩隻相互依靠彼此取暖的刺蝟，遠了，溫暖不到對方；近了，會被對方身上的刺扎到。

某一天的早晨，孟先生在臨出門之前突然說，今天和朋友出遊。以往去哪裡，孟太太不多過問，他也會隨口告訴她。可這一次，孟先生招呼不打一聲就宣布出門，她有些生氣。出遊這件事，一定是事先約的，至少前一天就約好了，他為什麼不說一聲？他還有多少事瞞我？孟太太心裡不悅，攔著要孟先生說清楚。孟先生心裡著急，嚷嚷道：「我的吃喝拉撒睡，是不是都得跟妳匯報？」然後摔門而去。

孟太太開始賭氣，在接下來的好幾天裡，不管是晚回家、和朋友吃飯，還是去娘家，一概不告訴孟先生，也閉口不問他的一切事情。孟先生終於忍不住了，跟太太說：「我現在才知道，妳絲毫不在意我，是嗎？」「你不是說吃喝拉撒睡都不用向我匯報嗎？」孟太太狡猾一笑。孟先生一愣，也笑了起來。此後，孟先生有事外出都會先說一聲，讓孟太太放心。

對待感情，夫妻之間的要求是半飽為好，彼此都有空間才不會那樣局促無奈，就像吃飯，寧可少吃一點欠著一點，但是感覺舒服，胃有空間，心靈才有空間。不過，空間的距離很好測量，心理的距離卻難以掌握。

愛情的安全線，恰恰是看不見摸不著的心理距離。有些時候，真的就是這樣，夫妻雙方因為愛而彼此走近，近得恨不能不分你我。於是走進婚姻，長相廝守。此後，彼此的距離慢慢的在不知不覺中一點點拉開，親密有間。

　　給彼此一些空間，不要以為走進了婚姻就是走進了墳墓，夫妻雙方都有自己的生活圈，自己的愛好，偶爾出去放放風也未嘗不可。這樣不至於兩個人天天拴在一起，熟悉得產生陌生感，無話可說。距離產生美，婚姻生活也需要距離來為它保鮮。留一點空間，相處起來才會更得心應手。

忠誠，譜出愛的交響曲

　　一般情況下，一個狼群有大約 7～10 隻狼。一頭公狼擔任首領，這隻公狼有一個固定的配偶，牠們負責繁衍後代，但哺育幼狼卻是狼群共同的責任。母狼在產下幼狼之後，一般要在狼穴中待上一段時間，以哺育和保護幼狼。這段時間，公狼和其他的狼就會為母狼叼來食物，以保證母狼的身體健康和奶水充足。人的愛情和婚姻也應像狼一樣，有忠誠，才有未來。

　　一對美滿的夫妻，應該像一把鋒利的剪刀，它能剪斷所有的困難。當然，這個前提必須是夫妻之間相互尊敬、相互理解、相互支持才行。否則，將會被困難卡住。

　　富蘭克林說過：「如果上帝要讓我失去些什麼的話，我可以失去一切，但朋友和親人不能失去。為此我願意付出一切代價，包括生命。」

　　現在有些人缺乏應有的修養，一旦獲得了自己所追求的東西，不久就「喜新厭舊」，產生出一些桃色事件。

　　小田大學畢業後，在一家大公司裡就職。妻子文文是這家公司的財務出納。兩人還沒結婚時，那可真稱得上是「天生的一對，地設的一雙」。小田才華橫溢，風華正茂；文文人如其名，文靜端莊，知書達禮。記得兩個人剛見面那時，小田就被文文的婀娜端莊迷倒了，可謂一見鍾情。

　　小田向文文展開了瘋狂的追求。雖然她長得相貌平平，但他愛得卻轟轟烈烈，非常赤誠。他曾義無反顧的跪下來對文文說：「我非妳不娶，對妳的愛海枯石爛永不變！」最終，文文被他溫情的話語所打動，接受了他的愛。在後來的接觸中，小田也是不斷的向文文獻殷勤，事事順著文文，依著文文。看得出，小田確實很喜歡文文，很愛她。漸漸的兩個人終於把談婚論嫁的事情安排進了日程裡。

　　文文為自己能找到這樣一個愛自己的丈夫而陶醉。婚後，她身邊同樣也有一些男人用不同的方式關照著她，追求著她，可她依舊心無旁騖的做賢妻，包辦了兩個人小小天地裡的所有家務。

　　婚後的小田事業也是風調雨順，青雲直上，很快就當上了公司的銷售主管。也就是在這時，他認識了他的一個客戶蕭玲。蕭玲比他要小 10 歲，身材高挑，皮膚白皙，一雙水汪汪的大眼睛，活潑可愛。這時，小田才感覺到自己的婚姻中好像有點哪裡不對勁。

　　雖然他每天也和老婆說說笑笑，打打鬧鬧，可是他們早已失去了新婚之初的那種激情，激情早已被油鹽醬醋取而代之。他偷偷的和蕭玲交往上了。

　　與小三在一起的日子裡，他又回到了往日的那種浪漫裡。情難離，意難捨，兩個人幾天不見，就像丟了魂似的。那感覺簡直比當年談戀愛時還要熱烈。真可謂是「家花不如野花香」。最後，離婚大戰終於開始了。

　　小田一時一刻也離不開蕭玲了，為了和她永久的生活在一起，他向文

文提出了離婚。文文做夢也沒想到，當初死纏爛打的小田竟然這麼快就向自己提出了離婚，而且還來得這麼突然。

為了保住這個家，這次她對小田下跪。她好話說了一大堆，希望求得小田的回心轉意。可是任她好話說盡，小田還是鐵了心了，非要離婚不可。

沒有愛情的婚姻，還算什麼幸福的婚姻，既然事已至此，文文無奈之下只好接受了離婚這個事實。

新婚之初，小田和蕭玲生活得確實不錯，又是旅遊度假，又是請客聚會，好不快活。可是，這時間一長，問題就出來了。蕭玲是個愛乾淨的女人，她討厭油煙味，所以她從不做飯。於是關心另一半的小田就把做飯的差事承擔下來了。飯不做了，碗總得幫忙洗吧？誰知蕭玲說自己討厭盤子裡那種油膩膩的感覺，小田又只好忍氣吞聲把這個工作接了下來，結婚後的蕭玲也不像從前當小三時那樣注意修飾自己的外表了。尤其是在懷孕之後，隨著腹部的高高隆起，她再也沒有漂亮女人的那種誘人的「三圍」了，身體胖胖的，臉上也長出了幾塊雀斑。

看著眼前的蕭玲，小田困惑了，後悔了。他現在才明白了另一個道理：家花雖然沒有野花香，但畢竟野花沒有家花好啊。可是，現在大夢初醒的他，一切都太晚了。

外遇是人生中最冒險的遊戲之一，它讓你品嘗一種新鮮而刺激的浪漫。它就像一團火，將你最寶貴的年華和最珍貴的情感燃燒。然後再讓你知道什麼叫「失去的才是可貴的」。

婚外情不是好事情，這一點眾所周知。根據最新的調查顯示，約有50%以上的已婚婦女和70%以上的已婚男子至少有一次對對方不忠的想法。經驗告訴我們，婚外情的受害者如能及早發現危險的跡象，大多能在事情發生前採取預防措施。一般情況，產生婚外情有三個主要原因。

＊ 排遣孤獨，這種孤獨感恰恰是造成婚外戀的主要因素。

＊ 防止單調，外來刺激的誘惑提供了許多冒險的因素：調戲、危險、釋放情欲等。

＊ 加強交流，夫妻關係的建立和維持是透過想法感情的交流來實現的，而性生活則是感情交流最主要的一種親密方式。

「百年好合，天長地久」，是人們經常贈與新婚伉儷的美好祝願。然而，人們的婚姻能否承受住生活風浪的拍打呢？相濡以沫，共同抵達人生的彼岸，這種美好的願望不知蘊含著多少鮮為人知的奧祕。為解開美滿婚姻的奧祕，美國華盛頓大學的心理學家約翰‧高特曼（John Gottman）在其家庭研究實驗室進行了長達 20 多年的研究。高特曼教授從實驗中做出了許多出乎意料的結論。例如，發怒不是婚姻中最具破壞力的因素，因為無論是幸福美滿還是關係惡劣的夫妻都難免拌嘴吵架。在他看來，真正的「惡魔」是刻薄的指責、鄙視、詭辯以及溝通障礙。

夫妻之間權利的不平等分配對婚姻也有致命傷害。實驗顯示，大多數妻子傾向於接受丈夫的影響。因此，男人需要做出改變，而許多改變不過是舉手之勞，如在妻子想交談的時候，把電視節目關掉。這個簡單的舉動表達丈夫對妻子的尊重。

高特曼教授還發現，婚姻幸福的夫妻處理矛盾的方式與眾不同：他們不斷做出「修復嘗試」，這種嘗試經常包含幽默的成分。比如，有一對夫妻因為無法要對購買的車型達成一致意見而大動肝火，妻子在大吵大鬧時，突然將手放在嘴唇上，模仿他們 4 歲兒子的模樣，結果雲開霧散，兩人同時開懷大笑。

高特曼教授認為，檢驗夫妻是否還有重歸於好的可能，最好的辦法是

詢問他們當初最吸引對方的東西是什麼，如果他們還能夠回憶起最初那些令他們心中最神祕的奇妙感受，並報之以微笑，說明其緣分未盡。溝通、誠實、信任、公開在婚姻關係中是十分重要的，但婚外情卻違背了這些基本原則。一旦事情敗露，其結果往往會導致對方的強烈反應，再加之雙方無法理性的討論問題，這又阻塞了最後的溝通管道。憤怒的一方不僅認為婚前的誓言被背叛，更難以忍受的是對方將自己的真情所出賣。因此，唯有忠誠才能將愛情進行到底。

▌浪漫需要多少成本

浪漫是每個女孩子對愛情的基本需求。這個要求並不過分，但有些狹隘的男人，認為浪漫是一種不必要的浪費，浪漫需要太多的成本，認為這是女孩子虛榮的一種表現，其實，這只是男孩子不用心的藉口罷了。下面的例子告訴我們，浪漫並不是富人的專利，沒有錢一樣可以溫馨浪漫。

那天中午，太陽火辣辣的，空氣也飽含著下雨前的沉悶。小王獨自從天橋邊走過，看見一個年輕人在吃力的背著個女孩上天橋。年輕人的額頭上滲出細密的汗珠。像這樣「周瑜打黃蓋，一個願打，一個願挨」的事，說句心裡話，平時小王見多了，所以開始時並沒有太在意。但是當小王從他們身邊路過的那一瞬，小王突然感受到男孩子的兩腿抖得厲害，不似平時遇到的那種玩樂的氣氛。於是小王靠上前去幫忙攙扶。問男孩說：「她生病了吧？是去醫院嗎？怎麼不叫車？」男孩只是低頭不語。

來到天橋上，女孩忽然大笑起來，男孩一邊擦臉一邊忙向小王道歉：「對不起，謝謝您，我們是在玩遊戲。」

「什麼？」小王尷尬中有些惱怒。

女孩好久才停止住笑，上前解釋道，「今天是我們結婚三週年紀念日，我們特意來逛街，本想買點什麼慶祝，不過都太貴了，捨不得花錢。於是想起以前上學時讀過的一篇文章，文章裡的主角就是用這種方式來紀念他們的結婚週年的，於是我們便照做了。」

「我們沒有錢，我不讓他買什麼禮物，可是他有的是力氣呀，所以我才讓他背我上天橋，一趟算一年，才背了一個來回，他就累成這樣了，若是將來我們結婚三十週年，四十週年，我還讓他背我那麼多個來回，他還背……」

女孩一邊心疼的為男孩拭著額角的汗珠，一面又笑了起來。她這時是不是感到特別自豪，特別有面子呢？

愛情是一顆天然寶石，它需要去設計，需要去雕琢，否則，愛情將黯然失色。經過設計雕琢的愛情才會如寶石般光芒四射。

最後，身為一個清貧者，不論是想追求前者的浪漫還是後者的成功，你都需要調整好自己的心態。某地有位珠寶商，他的店鋪櫥窗陳列許多昂貴的鑽石、金戒指，以及各種珍珠寶玉石。有個窮人站在櫥窗前欣賞，過了一會，窮人走進珠寶店感謝道：「謝謝你讓我看了這麼多鑽石與珠寶。」店主人驚訝的說：「你為什麼為這種事感謝呢？我連一顆鑽石也沒有送給你。」

窮人回答：「我光看就足夠了。再有錢的人也只能看看鑽石，不是嗎？既然這樣，我不是和擁有鑽石的富翁一樣嗎？不過，不同的是富翁必須擔心鑽石可能被偷走，而我卻只享受到欣賞的樂趣，不必憂心忡忡。」

如果你此時正掙扎在貧困的煩惱中，真該學學這個窮人。不要以為只有有錢的人才能獲得開心浪漫，如果採取適當的方式，即使是我們身無分文，這一切照樣可以得到。「貧賤夫妻百事哀」，其實也未必，愛情是一種很奇妙的感覺，能開心就行，難道不是嗎？

該忘就忘，往事不要再提

　　甜蜜的愛情成熟時，熱戀的情人便步入婚姻殿堂。剛剛組建家庭的年輕人，你謙我讓，相敬如賓，相互體貼，隨著時間的推移，夫妻自我的行為漸漸的多了，摩擦當然漸多。考驗夫妻感情的時候到來時，和諧愉快的家庭生活越能顯出寬容的魅力。

　　一個寬容的人可以讓我們看到生活的美好，同時能夠有效的減少爭吵的次數。很多人發現，婚後，家務事日漸增多，妻子的絮叨也比以前多了，丈夫要從心裡體諒妻子，多說一些寬心話。妻子對待丈夫的慵懶，也要給予理解，多體貼多溝通。寬容的心，使人能體諒對方，通融對方，使夫妻心態平和，家庭和睦。

　　寬容的行動。一個做飯，一個洗碗；一個洗衣，一個拖地。任何時候，我們都要盡可能做到「說得好聽，做得漂亮」。當我們努力將承諾、誓言付諸行動，不僅心裡想著讓對方少做一點、少一點包袱，而且切實透過實際行動表現出來時，兩顆心則能貼得更近，家的溫馨也能得以充分的釋放。

　　夫妻間吵架，多半是因為經濟開銷、生活瑣事、子女教育等小事引起摩擦。如果雙方一吵架就「翻舊帳」、「揭傷疤」、「新帳舊帳一起算」，矛盾勢必激化。

　　家庭問題專家曾建議，當夫妻間吵架時，只宜就事論事，以理服人，絕不能「旁徵博引」，更不能「秋後算帳」。

　　怎樣才能做到這一點呢？除了夫妻雙方努力提高修養、增強理解和諒解之外，彼此都要學會「遺忘」。「遺忘」能使人達到一種心理平衡。若能「遺忘」對方非原則性的毛病，既是對對方的一種寬容，也是一種自我解脫。

第九章　贏在情感─責任與浪漫共存

每個人都有屬於自己的感情世界，這是誰都無法抹去的事實。但那只是人生中的過眼雲煙，你不能追溯到過去阻止它，因此，無論你面對的是自己的過去還是對方的過去，都應該以一種理性的方式去解決它，而不是把它變成自己生活的負累。不愉快的往事會對自己帶來傷害，也對對方帶來不必要的痛苦，最終將會導致兩個人的感情出現裂痕。因此不要活在彼此過去的影子中，走出痛苦的陰霾，面對現在的美好生活。

小麗在搬家的時候偶然發現了丈夫過去的一本日記，了解到丈夫以前和戀人之間的一些事情，從此，她就天天審問丈夫這是怎麼回事，而且她還把日記反覆看了多遍，熟記在心，走到哪裡，都會想起丈夫過去是否和別人來過這裡、做了什麼等等。這令她非常痛苦，整夜整夜的睡不著覺，白天也無心工作。他們的孩子都上小學了，小麗不想和丈夫離婚，但也不能原諒丈夫，就這樣互相折磨，使丈夫也痛苦萬分。

小麗的這種做法實在是太不理智了，過分的追究以前的事情是種愚蠢的行為。最明智的做法是放眼未來，而不是把陳舊的往事全扔出來。尤其是女人，常常喜歡翻出陳年舊帳。其實，如果夫妻雙方把矛盾集中在當前事情上，矛盾就容易解決多了，所以夫妻之間的矛盾應就事論事，對那些過去的事實不要過分的追究，給自己也給對方足夠的呼吸空間。

平平丈夫的公司來了一位新同事，無巧不成書，這位新同事就是平平丈夫以前的女朋友，她的丈夫沒有將這件事情隱瞞，而是坦白的告訴了她。要是別的女人，也許在面對丈夫坦白的情況下會整日惶恐不安，畢竟他們兩個曾經是相愛的一對。而平平卻是個聰明的女人，她並沒有介意他們之間的往事，反而和丈夫的舊情人成為了朋友。平平有時間就去找她吃飯逛街，兩個人無話不談，彼此的關係變得非常的明朗化。她的丈夫和舊情人死灰復燃的機會當然就變得沒有可能了。

我們不得不承認，平平是個聰明的女人。和丈夫的舊情人成為朋友，總比猜測他們的舊戀情要好得多。把愛情放在最危險也是最安全的地方。兩個曾經相愛的人無論因為什麼樣的原因分開，其間總會有一種難以說明的特殊感情。人的記憶總是習慣記錄下美好的瞬間，所以，即使是痛苦的戀情也會變成一段值得品味的回憶。就像電影中經常描述的那樣，一個人在 30 年後見到了初戀情人，仍會有不少故事發生。舊情人是一種極具殺傷力的武器，隨時會導致嚴重後果。想保護好自己的愛情，沒有比和對方的舊情人成為朋友更好的辦法了，畢竟最危險的地方也就是最安全的地方。把她和他的聯絡，變成兩個家庭的聯絡，把所有隱祕的關係變得透明，不失為明智之舉。兩個家庭在一起的時候，每個人都希望自己的家庭看起來比對方的家庭幸福，就像兩個分子，當其內部的原子緊密結合的時候，便不容易發生反應，這正是期望的結果。

如何做到「遺忘」呢？

一是有意忘卻，不讓「問題記憶」重複。這主要靠理智和毅力去克制。

二是轉移注意力。當氣從心起時，不妨從「恨的聯想」轉移到想想對方的長處以及往日對自己的恩愛，改變對對方的態度。

三是沉默。如果夫妻在爭吵時一些不愉快的往事湧上心頭，即使一時忘卻不了也要保持沉默，因為一時衝動的「攻擊」極易傷害感情，以沉默來面對對方的過錯，是一種最好的解決方式。

不要總是對以前的事斤斤計較，一件事拿出來反覆說，尤其是當「罪證」拿出來的時候，很多人在心理上都不容易接受，我們在這裡做一個假設，如果有人在我們身邊反覆說同一句話，你是否會感到心煩呢？人心同此心，當我們總是將過去的事反覆提及的時候，對方也會心生不滿，因此，在婚姻中，學會忘記，是保持婚姻新鮮有活力的祕訣。

▌婚姻中的「園藝技能」

有人認為人一旦步入婚姻，所謂的愛情就會消失得無影無蹤，其實，婚姻中只要雙方懂得維護，婚姻中的愛情別有一番浪漫。

園丁使植物茁壯生長的訣竅，我們稱之為「園藝技能」。如果丈夫和妻子對他們的婚姻有「園藝技能」——掌握處理夫妻關係的藝術，婚姻便會生長在肥沃的土壤之上，便可以讓我們的婚姻如常青樹般，盎然充滿生機。

「如此類比，並不是牽強附會。」紐約的婚姻問題專家米勒（Miller）說，「情感關係與所有的事物一樣，面臨著生長衰亡的自然選擇規律。」幸運的是，促使愛情生長的能力並不神祕，幾乎所有的夫妻都可以為他們的婚姻辛勤的耕耘。米勒主張：「學會處理夫妻關係的藝術，必須遵循園丁的一些成功的基本法則。」

（1）提供一個適宜的環境

美國加州一位男子，在他結婚的那一天，寫信給他的新娘，表達他的愛、他對婚姻的感情和未來的希望。從此以後，每逢結婚紀念日，他都寫信給妻子。

正如園丁為了使他的植物生長得更旺盛，向它的土壤施肥一樣，夫妻之間也要辛勤的培育感情的土壤，使他們的愛情茁壯生長。許多家庭愛情之花凋謝了，最簡單的原因，是夫妻沒有為他們的愛情提供一個足夠哺育它生長的環境。提供感情上的支持，是夫妻之間的愛情生長的一個方法。「這個簡單的原則可以有不同的表現方式。」達拉斯市的一位家庭問題專家說，「有時候，夫妻僅僅需要身體接近的慰藉，如握手，擁抱或者一個

傾聽的知音，也許有時只需要有一個人在那裡。」另一個接近的方式，夫妻在一起談論彼此對對方的評價。一個妻子說：「我和鮑比認為我們的愛是理所當然的。當我們談論彼此對對方的感情和美滿的婚姻對我們的意義的時候，就會發現：我們的愛情竟會比事先想像的還要深。」

有經驗的人建議，夫妻之間可以在一起嬉戲，不要把你們的婚姻拖入到每天的家務雜事和煩惱之中。切記：從中可以享受到樂趣的事情就盡情的去做吧！支持你的配偶嘗試他願意做的事情，培養你們的愛情！一位50歲的女士想獲得技術文憑，她以為丈夫聽到這事會譏笑她，但是結果卻出乎意料。對於這段經歷，她不無幸福的回憶道：「當我鼓足勇氣鑽研這門學科的時候，他卻說：『只要妳想做，就去做好了』！」

(2) 了解你的配偶

一位著名的園藝學家說：「園藝技能的一個奧祕是了解植物的所有特性，哪一個需要充足的水分？哪一個喜歡陽光或樹蔭？」我們很少有人像園丁詳盡了解植物那樣了解我們的配偶。有經驗的人說：「甚至在一起幸福的生活多年的夫妻，也未必會像他們自己以為的那樣，深入的互相了解。」然而，相互之間透露自己的希望、目標、關心的事情以及價值觀等等，正是增進感情的鑰匙。了解對方最有效的方法是詢問一些具有重要意義的問題：例如：你最寶貴的是什麼？怎樣使你感受到愛情？你引以自豪的是什麼？煩惱的又是什麼？

加州的一位家庭問題專家告誡我們：這個問題的答覆正確與否無關緊要，關鍵在於理解。不要急切的要求別人迅速回答。一個增進愛情的談話，可以延續一天、一個月、甚至數年。

(3) 適當的變化

　　出色的園丁善於利用季節的變化。夫妻關係的藝術也是如此。事情沒有一成不變的。美國北卡羅萊納州的一位婚姻顧問說：「這就是為什麼你們夫妻任何一個人的變化，都能對愛情的增進產生催化劑的作用。」一個中年的售貨員放棄了他在紐約的一個壓力較大的工作，到家鄉開辦了一個顧問事務所。他的妻子擔心他們的收入會大幅度下降，擔心他丈夫為此懊悔他的決定。但是，一年以後，這位妻子承認這變化為他們家帶來的奇蹟。「現在，查理放鬆下來，我們彼此之間，與孩子之間有了更多的時間。雖然他的收入減少了，但實際上我們比過去更幸福。」

　　夫妻之間如果一個人只顧自己的需求，或者用一個人的眼光看問題，就會使他們增進愛情的理想破滅。馬里蘭州的一位顧問說：「如果家庭中一個配偶想變化，而另一個堅持不變，那麼這個婚姻關係不會發展。」

(4) 及時處理小的摩擦

　　沒有園丁見到他的植物枯萎會置之不理，但是許多夫妻對影響他們關係的隱患卻視而不見。能夠引起爭端的怨恨會隨著時間的推移而逐步升級。最簡單的辦法是透過體諒、尊敬和共同的感情及時緩解夫妻間的摩擦，也可以採取交替位置或獎賞的方式緩解這個衝突。

　　當夫妻有大衝突的時候，小煩惱也含有重要的內涵。一個丈夫整個週末都在觀看電視體育節目，妻子非常生氣，為此表示抗議，但她不能說出真正的煩惱是：「你為什麼不注意我？」這種情況下，敞開思想可能引起一個暫時的衝突，但是如果把心裡話坦率的說出，可以幫助他們發展處理夫妻關係的藝術和洞察力，以便解決將來的衝突。夫妻們每解決一個問題，他們的關係便更加鞏固，因為他們學會了解決矛盾的藝術。

（5）計劃未來

　　用玫瑰圍成的遊廊和天井中的林蔭道不會是當天建成的。這是園丁幾年前就計劃並逐步形成的。「婚姻關係也是如此。」有人如此說道，「我認識一對夫妻，在元旦這一天，坐在一起談論三年之內要做的事情，討論增進愛情的永久性計畫。」

（6）回首往事

　　回顧過去，也是使他們的感情得到發展的好方法。家庭問題專家建議：一對夫妻每年透過討論這些問題，鑑定他們婚姻發展的狀況。例如：我們給對方或者我們得到足夠的感情上的支持了嗎？我們討論問題的觀點容易一致嗎？我們總是能表露我們真實的感覺嗎？這些問題可以為愛情的增進發揮重要的作用。

（7）承擔你的義務

　　有人向傑克請教栽培蘭花的經驗。傑克說：「這並不神祕，你必須精心的照料它，否則，它會死亡。」婚姻的實質就是一些這樣的義務。正如一個人所指出的：「婚姻，就是我們永遠生活在一起的許諾。我們的生活並不會總是快快樂樂的，這就是這個義務為什麼重要的關鍵所在。」

　　夫妻間可以用不同方式規定這個義務。加州的一位婦女，在她 30 歲時，反覆思考這個問題：「當我和喬爾為我們的新家種植花園時，我注視著汗流浹背的喬爾，心想：我們將怎樣創造我們永遠分享的東西，這個花園就是我們承擔義務的象徵。如同它永遠生長般，我們的愛情也將永遠生長！」

　　總而言之，夫妻雙方都是自己幸福的鑄造者，要像園丁那樣用自己的雙手，為家園帶來一分光彩。執著的相守，是件簡單卻又艱難的事，只有雙方共同經營和維護，才能真正白頭偕老。

婚姻中的求同存異法則

有些夫妻在婚姻生活中總是充滿了征服與被征服，男人認為女人應該聽命於自己，乖乖的做個依人小鳥，女人則認為管束男人是上天賦予的，雙方都想取消對方的獨立性而把配偶納入自己的管制之下。結果，越是拚命的拉近對方，彼此間的折磨就越強烈、越痛苦，彼此就相距得越遙遠。

常聽有人說：當初戀愛時，那些肉麻的話，都會說得出口。的確，確定戀愛關係時，激情常常超乎人們的想像，但激情也會隨長久的生活逐步轉變成持久的平淡。如何守住這份平淡呢？

角色扮演。婚後角色的扮演，首先，涉及的是夫妻兩人之間的角色。你們是完全傳統的男主外、女主內，由妻子一人承擔家務，還是按現代觀念，丈夫也做一點家務呢？這在一開始就要擺正位置。現代人都有自己的工作，應該誰有空誰就做家務。其次，對家庭角色的認知與適應。作為妻子、丈夫、媳婦、女婿，不同的角色應承擔不同的責任，履行不同的義務。最後，要了解彼此性格的差異。男人與女人因個性的差異或需求的不同，有不同的行為和表現，兩人只有相互適應和容忍、慢慢磨合，才能找到生活的平衡點。

兩個人結婚，就要共同生活。共同生活的兩個個體要融合到一起，肯定要經過耐心等待、適應的過程。只有平淡的生活，才能創造出不平淡的婚姻生活。

實際上，縱使強拉硬扯，也很難把一對夫妻長久的拉到同一條軌道上來，理想的婚姻是生活上的結合，是精神上的結合，是求同存異的結合，而不是彼此的干預和制約。「求同存異」就是要尊重對方的個性、習慣、興趣，不強制對方按自己的意願去做出什麼改變，並且要無條件的接受對

方的缺點和弱點，能夠寬容對方的不足和錯誤。

在家庭問題的心理諮商中發現，夫妻關係的糾紛，大多是從日常瑣事開始的。例如，剛結婚半年的小楊和小李，也為一些不大不小的事鬧起了彆扭。休假日小楊要回娘家，小李偏不同意，非要先去看他老爸。都是一片孝心，先去哪裡不是一樣嗎？小李愛吃辣椒，經常炒上幾個辣味的菜，小楊卻喜歡清淡的菜色，為此小倆口沒少拌嘴。如果同時做上各自喜愛的菜餚，相互嘗一嘗對方喜愛的口味，不是也很有意思嗎？

中年夫妻老張和老王，想當年人們都說他倆是比翼雙飛的一對佳偶，可是這些年他們過得卻不是那麼愉快。老張說：「我為了這個家犧牲了自己擅長的領域，改做生意多賺點錢，也是為了家裡日子過得寬裕些。加班或是有什麼事，我都打電話告訴她，人家都叫我『妻管嚴』，可她老對我不放心，懷疑我有情人，回來晚一點就盤問個沒完，這樣下去，早晚得離婚！」老王說：「大家都羨慕我們倆，在公家單位做得好好的，又有多次出國考察的機會，他非得從商，想嘗嘗當老闆的滋味，過過燈紅酒綠的生活，這不是嫌棄我老了嗎？」其實一個家庭可以實行「一家兩制」，關鍵是理智，要相互理解、寬容和信任，不要總往壞處想。寬容丈夫的同時也避免了對自己的傷害，避免了家庭的惡劣氣氛，避免了由此引起的身心疾患。

現在大多數夫妻都是自由戀愛而結合的，婚前的相互了解，對一個人的基本性格一般是可以正確判斷的。所以，如果婚姻基礎有了一定的保證，關鍵就是婚後如何相互適應和協調了。若是夫妻雙方都能夠遵循「求同存異」的原則，就不至於因為一些小事而爭吵，以至於影響了夫妻之間的感情。

夫妻之間的相處，難免會遇到一些摩擦，在細節中給予對方更多的關心和體貼，不要動不動就揪住「雞毛蒜皮」的小事不放。這樣你會發現生活更

美好了，家庭更和睦了。在生活中，如果妻子發牢騷，丈夫絕不能採取「以牙還牙」的頂撞態度，而應有「宰相肚裡能撐船」的氣量，暫且不去計較妻子的話說得難聽或是否符合事實，而要多想想妻子平時對自己的恩愛，過後再找機會向妻子說明原因，這樣就可避免一場不愉快的「衝突」。

有一天，夫妻二人決定坐下來好好的談談。他們之間實在是存在太多的問題需要解決了。

妻子說：「你有多久沒有回家吃晚飯了？」

丈夫說：「妳有多久沒有起床做早飯了？」

妻子說：「你不回家陪我吃晚飯，我有多寂寞啊。」

丈夫說：「妳不做早飯給我吃，妳知道上午工作時我多沒精神。上司已經責備我好幾回了。」

「早飯你可以自己弄啊，每天回來那麼晚吵我睡覺，我怎麼能起得來。你可以不回來陪我吃晚飯，我就可以不替你做早飯。」妻子不高興的說。

「妳知道我一整天上班有多辛苦，壓力有多大。一個晚飯，自己吃怎麼了，難道妳還是孩子，要我餵妳不成？」丈夫也沒好氣的說。

妻子抱怨說：「你總是喝得爛醉而歸，有多久沒有買花給我，多久沒有幫我做家事了？」

丈夫也不甘示弱的說：「妳知道妳做的飯有多難吃，洗的衣服也不是很乾淨，花錢像流水，有多久沒有去看我的父母了……」就這樣，夫妻二人你一句我一句的互不相讓，最後竟翻出了結婚證書要去離婚。

在去戶政事務所的路上，他們遇見了一對老夫婦正相互攙扶慢慢走著，老婦人不時掏出手帕替老先生擦額頭上的汗，老先生怕老婦人累，自己提著一大袋的菜。這對年輕夫婦看到這個情景，想起了結婚時的誓言：

「執子之手，與子攜老。休戚與共，相互包容。」可是現在竟然……於是他們開始互相檢討。

丈夫說：「親愛的，我真的很想回家陪妳吃飯，可是我實在工作太忙，常常應酬，並不是忽略妳啊。」

妻子不好意思的說：「老公，我也不對，不應該那麼小氣，你在外工作賺錢不容易，早上我不應該賴床不起的。」

「早飯我可以自己熱，每天回家那麼晚一定吵妳睡不好覺，妳應該多睡一點的。」妻子也忙檢討自己……

就這樣，這場離婚風波平息了。從這之後，夫妻倆變得互敬互愛，彼此寬容忍讓，更多的為對方著想，恩恩愛愛。其實，導致婚姻失敗、愛情終結的常常都不是什麼大事，而是一些日常瑣碎小事中的摩擦。

埋怨只能讓彼此疏遠，讓愛情更早的被葬送。爭吵的危險傾向是翻舊帳，爭吵的最好結局是達成新的諒解。寬容才能讓彼此互相交流、融洽，寬容才能讓感情維繫長久。但寬容也是有原則的，並不是一味的忍讓，而是不要斤斤計較，付出就索取回報。要常常換位思考一下，不要把自己的想法強加於人，要給予對方解釋的機會。

根據以上事實，我們不妨捫心自問，看看夫妻之間的問題究竟出在哪裡，以便對症下藥：到底為什麼爭吵？為錢，為生活，還是為了已消失的愛？夫妻之間要想徹底弄清楚衝突的癥結所在，最有效的方法便是傾聽對方的意見和牢騷，及時調整自己的態度。在傾聽對方的所有不滿後，也應該把自己的不滿告訴他，這會使他對自己的行為做出調整，從而雙方都向前邁一步，最終才能握手言和。

俗話講：「窮追於後，不如阻截於前；揚湯止沸，不如釜底抽薪。」其實這一道理同樣適用於人的情感方面。一味的等到產生障礙才採取緊急

措施補救，未免讓人措手不及，最好的辦法是未雨綢繆，及早的運用夫妻相處的藝術，盡量減少情感障礙的出現，在家庭中也要講求同存異。

用心經營，步步為「贏」：

沒錢、沒勢、沒背景？就算生為一無所有的平凡人，也能成為絕無僅有的勝利者！

作　　者：李定汝，齊為

發 行 人：黃振庭

出 版 者：崧燁文化事業有限公司

發 行 者：崧燁文化事業有限公司

E - m a i l：sonbookservice@gmail.com

粉 絲 頁：https://www.facebook.com/
　　　　　sonbookss/

網　　址：https://sonbook.net/

地　　址：台北市中正區重慶南路一段六十一號八
　　　　　樓 815 室

Rm. 815, 8F., No.61, Sec. 1, Chongqing S. Rd.,
Zhongzheng Dist., Taipei City 100, Taiwan

電　　話：(02)2370-3310

傳　　真：(02)2388-1990

印　　刷：京峯彩色印刷有限公司（京峰數位）

律師顧問：廣華律師事務所 張珮琦律師

定　　價：330 元

發行日期：2022 年 10 月第一版

◎本書以 POD 印製

國家圖書館出版品預行編目資料

用心經營，步步為「贏」：沒錢、
沒勢、沒背景？就算生為一無所有
的平凡人，也能成為絕無僅有的勝
利者！/ 李定汝，齊為著 . -- 第一
版 . -- 臺北市：崧燁文化事業有限
公司 , 2022.10

　面；　公分

POD 版

ISBN 978-626-332-799-3(平裝)

1.CST: 成功法 2.CST: 生活指導

177.2　　111015240

電子書購買

臉書